Judentum für Anfänger Erklärt

Eine Schritt-für-Schritt-Anleitung zum Verständnis jüdischer Geschichte, Kultur und Spiritualität

Kingsley Bishop

Inhalt

Einführung

Willkommen im Judentum

Willkommen auf einer Reise der Entdeckung und des Verständnisses. Egal, ob Sie das Judentum aus persönlichem Interesse, akademischer Neugier oder dem Wunsch, sich mit Ihrem eigenen Erbe auseinanderzusetzen, erforschen, Sie haben das richtige Buch ausgewählt. „Das Judentum erklärt für Anfänger: Eine Schritt-für-Schritt-Anleitung zum Verständnis der jüdischen Geschichte, Kultur und Spiritualität" soll Ihr umfassender Leitfaden sein, der komplexe Konzepte in eine leicht verständliche Sprache zerlegt und einen klaren Weg zum Kennenlernen dieser Reichtümer bietet und alte Tradition.

Kurzer Überblick über den Zweck des Buches

Der Zweck dieses Buches besteht darin, Ihnen ein grundlegendes Verständnis des Judentums zu vermitteln. Wir behandeln die wesentlichen Aspekte der jüdischen Geschichte, Kultur und Spiritualität und helfen Ihnen, die Tiefe und Vielfalt des jüdischen Lebens zu schätzen. Dieses Buch ist so aufgebaut, dass es Sie Schritt für Schritt durch die Kernelemente des Judentums führt, angefangen von seinen Ursprüngen und heiligen Texten bis hin zu seinen Ritualen, Feiertagen und den vielfältigen Arten, wie es heute auf der ganzen Welt praktiziert wird.

Sie benötigen keine Vorkenntnisse, um diese Reise zu beginnen. Jedes Kapitel baut auf dem vorherigen auf und bietet eine umfassende Ausbildung, die sowohl zugänglich als auch gründlich ist. Unser Ziel ist es, dass Sie sich beim Erkunden neuer Konzepte, Geschichten und Praktiken wohl und sicher fühlen. Am Ende dieses Buches werden Sie ein solides Verständnis dafür haben, worum es beim Judentum geht und wie es das Leben von Millionen Menschen auf der ganzen Welt geprägt hat und weiterhin prägt.

<u>Bedeutung des Verständnisses des Judentums in der heutigen Welt</u>

Um das Judentum zu verstehen, geht es nicht nur darum, die Überzeugungen und Praktiken einer Religion kennenzulernen; Es geht darum, Einblicke in eine Lebensweise zu gewinnen, die Zivilisationen seit Jahrtausenden beeinflusst hat. In der heutigen vernetzten Welt, in der Kulturen und Gemeinschaften stärker miteinander verflochten sind als je zuvor, ist die Förderung des Verständnisses und des Respekts für unterschiedliche Traditionen von entscheidender Bedeutung.

Das Judentum hat eine bedeutende Rolle bei der Entwicklung der westlichen Zivilisation gespielt. Seine Lehren haben verschiedene Aspekte der Gesellschaft beeinflusst, darunter Ethik, Recht, Philosophie und Kunst. Durch das Studium des Judentums gewinnen Sie ein tieferes Verständnis für diese Beiträge und sehen, wie sie in das Gefüge des modernen Lebens eingebunden sind.

Darüber hinaus fördert die Aufklärung über verschiedene Glaubensrichtungen in einer Welt, in der religiöse Intoleranz und Missverständnisse zu Konflikten führen können, Empathie und Zusammenleben. Das Lernen über das Judentum hilft, Stereotypen abzubauen und Brücken zwischen Gemeinschaften zu bauen. Es ermöglicht uns, die gemeinsamen Werte aller Menschen zu erkennen, unabhängig von ihrem Glauben oder Hintergrund.

Auch das Judentum ist eine lebendige, lebendige und sich weiterentwickelnde Tradition. Es bietet tiefgreifende Einblicke in Fragen der Identität, Moral und Spiritualität. Ganz gleich, ob Sie nach einem persönlichen Sinn suchen oder andere besser verstehen möchten: Die Lehren und Geschichten des Judentums bieten zeitlose Weisheit, die Ihr Leben bereichern kann.

In diesem Buch werden Sie immer wieder auf die Widerstandskraft und Anpassungsfähigkeit des jüdischen Volkes stoßen. Trotz jahrhundertelanger Herausforderungen haben Juden ihren Glauben und ihre Traditionen bewahrt und so zu einem reichen kulturellen Erbe beigetragen, das weiterhin gedeiht. Das Verständnis dieser Widerstandsfähigkeit ist inspirierend und bietet wertvolle Lektionen für Ausdauer und Hoffnung.

Auseinandersetzung mit der jüdischen Kultur

Die Auseinandersetzung mit der jüdischen Kultur geht über intellektuelles Verständnis hinaus; Es geht darum, die Wärme und den Reichtum des jüdischen Lebens zu erleben. Von den freudigen Feiern von Feiertagen wie Pessach und Chanukka bis hin zu den feierlichen Bräuchen von Jom Kippur bieten jüdische Rituale eine tiefe Verbindung zu Geschichte und Gemeinschaft.

Dieses Buch lädt Sie ein, diese Praktiken nicht nur kennenzulernen, sondern auch zu erleben. Versuchen Sie, traditionelle jüdische Gerichte zu kochen, einen Gottesdienst in der Synagoge zu besuchen oder an einem örtlichen jüdischen Festival teilzunehmen. Diese Erfahrungen erwecken die Konzepte, über die Sie lesen, zum Leben und stellen eine tiefere und persönlichere Verbindung zum Material her.

Bewahren Sie zu Beginn dieser Erkundung ein offenes Herz und einen offenen Geist. Das Judentum ist wie jede Religion komplex und vielschichtig. Es wird Momente tiefer Einsicht geben, und es kann Aspekte geben, die Ihr Verständnis herausfordern. Begreifen Sie diese Herausforderungen als Wachstumschancen.

Dieses Buch ist Ihr Leitfaden, aber die Reise liegt in Ihrer Hand. Nehmen Sie sich Zeit, reflektieren Sie das Gelernte und zögern Sie nicht, tiefer in Bereiche einzutauchen, die Sie besonders interessieren. Am Ende dieser Reise verfügen Sie nicht nur über eine solide Grundlage im Judentum, sondern auch über ein größeres Verständnis für den Reichtum und die Vielfalt menschlicher Erfahrungen.

Willkommen im Judentum. Lassen Sie uns diese Reise gemeinsam beginnen.

KAPITEL 1

Der Ursprung des Judentums

Antike Anfänge

<u>Frühe semitische Stämme und die Wurzeln des Judentums</u>

Um das Judentum wirklich zu verstehen, müssen wir bei seinen Wurzeln beginnen und bis zu den alten semitischen Stämmen zurückgehen, die im Nahen Osten lebten. Stellen Sie sich die weiten, trockenen Landschaften Mesopotamiens vor Tausenden von Jahren vor. In dieser Region, die oft als „Wiege der Zivilisation" bezeichnet wird, nahm die menschliche Gesellschaft Gestalt an und hier wurden die ersten Samen des Judentums gepflanzt.

Die semitischen Stämme waren Gruppen von Menschen, die ähnliche Sprachen und kulturelle Praktiken teilten. Unter diesen Stämmen bildeten die Hebräer eine eigenständige Gruppe. Ihre frühe Geschichte ist mit dem breiteren Geflecht der mesopotamischen Kultur verwoben, zeichnet sich jedoch durch eine einzigartige Entwicklung aus, die den Grundstein für das legt, was später zum Judentum werden sollte.

Einer der wichtigsten Aspekte dieser frühen Anfänge ist das polytheistische Umfeld, in dem die Hebräer lebten. Die sie umgebenden Stämme verehrten mehrere Götter und Göttinnen, die jeweils unterschiedliche Aspekte der Natur und der Gesellschaft repräsentierten. Die Hebräer begannen jedoch, ein eigenes Glaubenssystem zu entwickeln, das sich auf eine einzige, allmächtige Gottheit konzentrierte. Dieser monotheistische Glaube wurde zu einem Eckpfeiler des Judentums und unterschied es von anderen alten Religionen.

Abraham: Der erste Patriarch

Betreten Sie Abraham, eine Figur, die als erster Patriarch des Judentums verehrt wird. Laut der Tora, dem zentralen Bezugspunkt der jüdischen Religionstradition, markiert Abrahams Reise den Beginn des Bundes des hebräischen Volkes mit Gott. Seine Geschichte ist sowohl tiefgreifend als auch grundlegend, voller Momente des Glaubens, der Herausforderung und der göttlichen Verheißung.

Abrahams Geschichte beginnt in der Stadt Ur in Mesopotamien, wo er mit seiner Familie lebte. Eines Tages erhielt Abraham einen göttlichen Ruf von Gott, der ihn anwies, sein Heimatland zu verlassen und in ein neues Land zu reisen, das Gott ihm zeigen würde. Dieser Aufruf war nicht nur eine physische, sondern auch eine spirituelle Reise und symbolisierte einen tiefgreifenden Akt des Glaubens und Gehorsams. Abrahams Bereitschaft, alles Vertraute hinter sich zu lassen, um Gottes Gebot zu folgen, zeigt das tiefe Vertrauen und die Hingabe, die den jüdischen Glauben charakterisieren würden.

Gott versprach Abraham, dass er der Vater einer großen Nation werden würde und dass seine Nachkommen das Land Kanaan erben würden. Dieses als Abrahamsbund bekannte Versprechen ist ein zentrales Thema der jüdischen Theologie. Es bedeutet nicht nur eine göttliche Verheißung von Land und Nachkommen, sondern auch eine besondere Beziehung zwischen Gott und Abrahams Nachkommen, eine Beziehung, die auf Treue und Gerechtigkeit basiert.

Abrahams Leben war von bedeutenden Ereignissen geprägt, die seinen Glauben auf die Probe stellten.

Ein solches Ereignis war die Geburt seiner Söhne Ismael und Isaak. Während beide Söhne später eine entscheidende Rolle in der Geschichte verschiedener Völker spielten, war es Isaak, der im hohen Alter als Sohn Abrahams und seiner Frau Sarah geboren wurde, der den Bund weiterführen sollte. Die Geschichte von Isaaks Beinahe-Opferung, in der Gott Abrahams Glauben auf die Probe stellte, indem er ihn aufforderte, seinen Sohn als Opfer darzubringen, ihn dann aber im letzten Moment davon abhielt, ist ein tiefgreifendes Beispiel für ultimativen Glauben und Gehorsam.

Diese Erzählungen über Abraham heben mehrere Schlüsselthemen hervor, die für das Judentum von zentraler Bedeutung sind: der Glaube an einen Gott, die Bedeutung der Befolgung göttlicher Gebote und der Glaube an einen besonderen Bund mit Gott. Sie führen auch die Idee des ethischen Monotheismus ein, bei dem die Anbetung eines Gottes mit einem Moralkodex und einem rechtschaffenen Leben verbunden ist.

Die Geschichte Abrahams und der frühen semitischen Stämme bildet die Grundlage für das Verständnis der Entwicklung des Judentums. Es zeigt, wie sich die Überzeugungen und Werte, die mit einer kleinen Gruppe von Menschen in einem bestimmten historischen Kontext begannen, zu einer großen Weltreligion entwickelten. Im weiteren Verlauf dieses Buches werden wir sehen, wie diese frühen Grundlagen von nachfolgenden Generationen aufgebaut wurden und zu der reichen und komplexen Tradition führten, die das Judentum heute darstellt.

Die Ursprünge des Judentums liegen tief in den alten semitischen Stämmen und der Geschichte von Abraham, dem ersten Patriarchen. Diese Anfänge sind gekennzeichnet durch einen Wandel vom Polytheismus zum Monotheismus, den Abschluss eines Bundes mit Gott und grundlegende Erzählungen, die Glauben, Gehorsam und Gerechtigkeit betonen. Das Verständnis dieser frühen Wurzeln liefert einen entscheidenden Kontext für den Rest der Reise durch die jüdische Geschichte, Kultur und Spiritualität.

Der Exodus und Moses

<u>Die Geschichte des Exodus und seine Bedeutung</u>

Die Geschichte des Exodus ist eines der entscheidendsten und prägendsten Ereignisse in der jüdischen Geschichte. Es ist die Erzählung von Befreiung, Glauben und der Bildung eines Volkes, das durch einen Bund mit Gott vereint ist. Um die Bedeutung dieses Ereignisses wirklich zu verstehen, stellen Sie sich die Israeliten – Nachkommen Abrahams – vor, die in Ägypten versklavt und unter der Herrschaft des Pharao harter Arbeit und Leiden ausgesetzt waren.

Der Exodus beginnt mit der Geburt von Moses, einem hebräischen Kind, das zu einer Zeit geboren wurde, als der Pharao verfügt hatte, dass alle männlichen hebräischen Säuglinge getötet werden sollten. Um ihn zu retten, legte Moses' Mutter ihn in einen Korb und ließ ihn auf dem Nil schwimmen. Er wurde von der Tochter des Pharaos entdeckt und im königlichen Haushalt großgezogen, unwissentlich von seiner eigenen leiblichen Mutter aufgezogen, die als seine Krankenschwester eingestellt wurde.

Moses wuchs mit einem Bewusstsein für seine hebräische Identität und einem tief verwurzelten Sinn für Gerechtigkeit auf. Eines Tages sah er, wie ein Ägypter einen hebräischen Sklaven schlug und in einem Moment der Wut tötete er den Ägypter. Aus Angst um sein Leben floh Moses in die Wüste Midian. Dort begegnete Moses Gott in Form eines brennenden Dornbuschs, als er die Schafe hütete. Gott offenbarte sich Mose und wies ihn an, nach Ägypten zurückzukehren und die Israeliten in die Freiheit zu führen.

Moses war zunächst zögerlich und unsicher, ob er in der Lage sei, eine so monumentale Aufgabe zu erfüllen, und akzeptierte schließlich Gottes Mission. Er kehrte nach Ägypten zurück, stellte sich dem Pharao und forderte die Freilassung der Israeliten. Die wiederholten Weigerungen des Pharaos führten zu einer Reihe verheerender Plagen, die Ägypten heimsuchten. Jede davon demonstrierte die Macht des hebräischen Gottes und stellte die Autorität der ägyptischen Gottheiten in Frage.

Die letzte Plage, der Tod der erstgeborenen Söhne Ägyptens, war der Auslöser für den Exodus. Die Israeliten markierten ihre Türpfosten mit dem Blut eines Lammes und bewahrten sie so vor der Pest – ein Ereignis, das jedes Jahr als Pessach gefeiert wird. Der Pharao gab schließlich nach und erlaubte den Israeliten zu gehen. Er überlegte es sich jedoch bald anders und verfolgte sie mit seiner Armee. Gefangen zwischen den herannahenden ägyptischen Streitkräften und dem Roten Meer, wurden die Israeliten durch ein wundersames Ereignis gerettet: Moses teilte unter der Führung Gottes das Wasser des Meeres und ermöglichte ihnen die Überquerung auf trockenem Land. Die verfolgenden Ägypter ertranken, als das Wasser zurückkehrte.

Diese dramatische Flucht aus der Knechtschaft markierte die Geburt der Israeliten als freies Volk. Der Exodus wird als entscheidender Moment göttlichen Eingreifens gefeiert, der Gottes Macht und sein unerschütterliches Engagement für seinen Bund mit den Nachkommen Abrahams demonstriert. Es dient auch als kraftvolles Symbol der Hoffnung und Befreiung und spiegelt sich in der jüdischen Geschichte und Identität wider.

<u>Moses und die Zehn Gebote</u>

Nach der wundersamen Flucht aus Ägypten begaben sich die Israeliten auf eine Reise durch die Wüste in Richtung des Gelobten Landes. Während dieser Reise führte Moses das Volk zum Berg Sinai, wo ein entscheidender Moment in der jüdischen Religionstradition stattfand: der Empfang der Zehn Gebote.

Am Berg Sinai offenbarte sich Gott der gesamten israelitischen Nation und demonstrierte seine Gegenwart durch Donner, Blitze und den Klang eines Schofars (Widderhorns). Dieses beeindruckende Ereignis bereitete die Bühne für die Übergabe der Thora, der Grundlage des jüdischen Gesetzes und der jüdischen Ethik. Moses bestieg den Berg und verbrachte vierzig Tage und Nächte in Gemeinschaft mit Gott, während derer er die Zehn Gebote empfing, die auf zwei Steintafeln eingraviert waren.

Die Zehn Gebote sind eine prägnante Zusammenfassung der ethischen und moralischen Prinzipien, die dem jüdischen Gesetz zugrunde liegen. Dazu gehören Anweisungen zur Anbetung

Gottes, zur Einhaltung des Sabbats und zu den Grundprinzipien menschlichen Verhaltens wie etwa die Achtung der Eltern sowie das Verbot von Mord, Diebstahl und dem Ablegen falscher Zeugenaussagen. Diese Gebote begründeten eine Bundesbeziehung zwischen Gott und den Israeliten und prägten ihre Identität als auserwähltes Volk mit einer klaren moralischen und spirituellen Mission.

Moses' Rolle als Führer und Gesetzgeber war maßgeblich an der Gestaltung der Identität der israelitischen Nation beteiligt. Er verkündete nicht nur Gottes Gesetze, sondern fungierte auch als Mittler zwischen Gott und den Menschen und führte sie durch ihre Prüfungen und Schwierigkeiten in der Wüste. Seine Führung war geprägt von Momenten tiefen Glaubens und menschlichen Kampfes, als er die Herausforderungen meisterte, eine vielfältige Gruppe von Menschen zu vereinen und ihnen ein Gefühl für gemeinsame Ziele und Schicksale zu vermitteln.

Die Bedeutung der Zehn Gebote geht über ihren unmittelbaren historischen Kontext hinaus. Sie haben die Entwicklung von Rechts- und Ethiksystemen weltweit beeinflusst und bilden die

Grundlage jüdisch-christlicher Moralprinzipien, die auch heute noch Gesellschaften prägen. Die Geschichte, wie Moses die Zehn Gebote empfing, unterstreicht die Bedeutung von Recht, Gerechtigkeit und ethischem Verhalten im jüdischen Denken und Handeln.

Auf ihrer Reise durch die Wüste sahen sich die Israeliten zahlreichen Herausforderungen gegenüber, darunter Zeiten des Zweifels, der Rebellion und der Not. Doch durch diese Erfahrungen schmiedeten sie eine kollektive Identität, die in ihrem Bund mit Gott verwurzelt war. Der Exodus und die Erteilung der Zehn Gebote sind zentrale Erzählungen in der jüdischen Tradition und verkörpern Themen wie Befreiung, Glauben und göttliche Führung.

Die Geschichte des Exodus und der Führung Moses sind grundlegend für das Verständnis des Judentums. Sie beleuchten den Übergang von der Sklaverei zur Freiheit, den Aufbau einer Bundesbeziehung mit Gott und die Einführung eines moralischen und rechtlichen Rahmens, der weiterhin das jüdische Leben leitet. Diese Ereignisse unterstreichen die Widerstandsfähigkeit und den Glauben des jüdischen Volkes und liefern zeitlose Lehren in Beharrlichkeit und dem Streben nach Gerechtigkeit.

Bildung Israels

<u>Eroberung und Besiedlung Kanaans</u>

Nach dem Exodus und den Jahren der Wüstenwanderung begannen die Israeliten unter der Führung von Moses' Nachfolger Josua eine bedeutende neue Phase ihrer Reise: die Eroberung und Besiedlung Kanaans. Dieses von Gott ihnen versprochene Land sollte ihre neue Heimat werden, ein Ort, an dem sie eine Gesellschaft gründen konnten, die auf ihrem Bund mit Gott beruhte.

Das Buch Josua in der hebräischen Bibel erzählt die Geschichte vom Einzug der Israeliten in Kanaan. Es beschreibt, wie Josua die Israeliten in einem wundersamen Ereignis, das an die Überquerung des Roten Meeres erinnert, über den Jordan führte. Als sie Kanaan betraten, trafen sie auf zahlreiche Stadtstaaten und Völker. Die Eroberung Kanaans war von mehreren Schlüsselschlachten geprägt, am bekanntesten ist die Schlacht von Jericho, bei der die Stadtmauern fielen, nachdem die Israeliten sieben

Tage lang um sie herum marschierten, ihre Trompeten bliesen und jubelten, wie Gott es ihnen aufgetragen hatte.

Die Eroberung war nicht nur eine Reihe militärischer Feldzüge; es war auch eine spirituelle Mission. Den Israeliten wurde befohlen, den Götzendienst auszurotten und die Anbetung des einen wahren Gottes im Land zu etablieren. Diese Mission brachte sowohl physische als auch kulturelle Herausforderungen mit sich, da sie versuchten, ihre ausgeprägte Identität trotz verschiedener Einflüsse zu bewahren.

Nachdem die ersten Eroberungen abgeschlossen waren, begannen die Israeliten mit der Besiedlung des Landes. Das Gebiet wurde unter den zwölf Stämmen Israels aufgeteilt, wobei jeder einen Teil des Landes erhielt, um es zu bewohnen und zu kultivieren. Diese Spaltung war für die Etablierung der sozialen und politischen Struktur der israelitischen Gemeinschaft von Bedeutung. Jeder Stamm hatte sein eigenes Territorium und seine eigenen Anführer, aber sie waren durch ihren gemeinsamen Glauben und den Bund mit Gott vereint.

Nach der Eroberung und der ersten Besiedlung traten die Israeliten in eine Zeit ein, die als Ära der Richter bekannt ist. Diese Ära ist im Buch der Richter dokumentiert und erstreckt sich über etwa 200 Jahre, in denen Israel ein lockerer Stammesbund ohne zentralisierte Regierung war.

Während dieser Zeit standen die Israeliten vor inneren und äußeren Herausforderungen. Innerlich kämpften sie darum, ihre Gesellschaft vollständig gemäß ihren Bundesgesetzen zu etablieren. Äußerlich stießen sie auf Widerstand benachbarter Völker wie der Philister, Moabiter und Ammoniter, die oft in sie eindrangen und sie unterdrückten.

Die Richter waren charismatische Führer, die von Gott erschaffen wurden, um die Israeliten von diesen äußeren Bedrohungen zu befreien und sie wieder zur Treue zu führen, wenn sie vom rechten Weg abgekommen waren. Diese Anführer waren keine Richter im modernen juristischen Sinne, sondern Heerführer, Propheten und Schlichter bei Streitigkeiten. Zu den bemerkenswerten Richtern gehören Debora, Gideon, Simson und Samuel.

Die Geschichte jedes Richters spiegelt Themen wie Glauben, Führung und die zyklische Natur der Treue Israels gegenüber Gott wider. Die Israeliten verfielen oft in das Muster, zu sündigen, Unterdrückung zu erleiden, zu Gott zu schrien und dann von einem Richter befreit zu werden. Dieser Zyklus unterstrich die Notwendigkeit einer starken, treuen Führung und verdeutlichte die Konsequenzen, wenn man vom Bund mit Gott abweicht.

<u>Die Gründung des Königreichs Israel</u>

Die Ära der Richter offenbarte letztendlich die Notwendigkeit einer einheitlicheren und stabileren Form der Regierungsführung. Diese Erkenntnis führte zur Gründung des Königreichs Israel. Der Übergang von einer Stammeskonföderation zu einer zentralisierten Monarchie war von bedeutenden Ereignissen und Persönlichkeiten geprägt.

Der letzte Richter, Samuel, spielte bei diesem Übergang eine entscheidende Rolle. Als Prophet und Richter war Samuel ein wichtiger geistlicher Führer, der die ersten beiden Könige Israels salbte. Das Volk Israel wollte wie andere Nationen sein und einen

König haben, der es im Kampf anführt und regiert, und verlangte einen Monarchen. Obwohl er sich zunächst widersetzte, salbte Samuel unter Gottes Führung Saul zum ersten König Israels.

Die Herrschaft von König Saul war eine Zeit voller Versprechen und Kämpfe. Er erzielte erste militärische Erfolge und begann, die Strukturen eines Zentralstaates aufzubauen. Sauls Ungehorsam gegenüber den Geboten Gottes und sein anschließender Sturz verdeutlichten jedoch die Komplexität der Monarchie in einer Gesellschaft, die an göttliches Gesetz gebunden ist.

Nach Sauls Herrschaft wurde David, ein junger Hirte, der durch den Sieg über den Riesen Goliath berühmt geworden war, zum König gesalbt. Die Herrschaft König Davids markierte ein goldenes Zeitalter in der Geschichte Israels. Er etablierte Jerusalem als politische und spirituelle Hauptstadt, brachte die Bundeslade in die Stadt und erweiterte die Grenzen des Königreichs durch erfolgreiche Militärkampagnen.

Davids Führung zeichnete sich durch seinen tiefen Glauben aus, obwohl seine Herrschaft nicht ohne persönliche und politische Herausforderungen verlief. Sein Erbe bereitete jedoch den Grundstein für die spätere Herrschaft seines Sohnes Salomo, der die Macht und das Ansehen des Königreichs weiter festigte.

König Salomo ist bekannt für seine Weisheit, seinen Reichtum und den Bau des Ersten Tempels in Jerusalem, einem dauerhaften Aufenthaltsort für die Bundeslade und dem Zentrum des jüdischen Gottesdienstes. Der Tempel symbolisierte die Erfüllung der Bundesversprechen und diente als greifbarer Ausdruck der Gegenwart Gottes unter seinem Volk.

Die Gründung des Königreichs Israel unter Saul, David und Salomo war eine Zeit des Wandels, die die politische und religiöse Identität der Israeliten festigte. Es legte den Grundstein für den jüdischen Gottesdienst, die Regierungsführung und die jüdische Kultur, die auch spätere Herausforderungen und Veränderungen überdauern sollten.

Die Gründung Israels umfasste die Eroberung und Besiedlung Kanaans, die Ära der Richter und die Errichtung der Monarchie. Jede Phase trug zur

Entwicklung einer eigenen israelitischen Identität bei, die in ihrem Bund mit Gott verwurzelt war und durch ein kontinuierliches Streben danach gekennzeichnet war, nach göttlichen Prinzipien zu leben. Diese grundlegenden Ereignisse bereiteten die Bühne für das reiche Geflecht jüdischer Geschichte und Kultur, das sich weiterhin entfalten sollte.

Im weiteren Verlauf dieses Buches werden wir untersuchen, wie diese frühen Grundlagen jüdische Überzeugungen, Praktiken und die heiligen Texte beeinflussten, die diese Traditionen über die Jahrhunderte hinweg bewahrt und weitergegeben haben. Das nächste Kapitel befasst sich mit den heiligen Texten des Judentums und bietet Einblicke in ihre Bedeutung und nachhaltige Wirkung.

KAPITEL 2

Jüdische heilige Texte

Die hebräische Bibel (Tanach)

Willkommen zum zweiten Kapitel Ihrer Reise zum Verständnis des Judentums. Hier tauchen wir in das Herzstück der jüdischen Tradition und Spiritualität ein: die heiligen Texte. Diese Texte sind nicht nur religiöse Schriften, sondern das Fundament jüdischer Identität, Kultur und Werte. Durch die Erforschung dieser Schriften erhalten Sie tiefere Einblicke in den Glauben und die dauerhafte Weisheit, die er bietet.

<u>Struktur und Inhalt: Thora, Propheten (Nevi'im) und Schriften (Ketuvim)</u>

Die hebräische Bibel, bekannt als Tanach, ist die kanonische Sammlung jüdischer Texte. Das Wort „Tanakh" ist ein Akronym, das sich aus den Namen seiner drei Hauptabschnitte ableitet: Thora, Nevi'im und Ketuvim.

1. Tora (Das Gesetz oder die Lehre)

Die Thora, auch Pentateuch genannt, besteht aus den ersten fünf Büchern der hebräischen Bibel: Genesis, Exodus, Levitikus, Numeri und Deuteronomium. Diese Bücher gelten als die heiligsten Texte des Judentums und enthalten die Gesetze und Gebote, die Gott den Israeliten gegeben hat.

- **Genesis:** Dieses Buch beginnt mit der Erschaffung der Welt und erzählt die Geschichten der Patriarchen und Matriarchen, darunter Adam und Eva, Noah, Abraham und Sarah, Isaak und Rebekka, Jakob und Rachel sowie Joseph. Es legt den Grundstein für das Verständnis des Bundes Gottes mit dem Volk Israel.

- **Exodus:** Es erzählt die Geschichte der Versklavung der Israeliten in Ägypten, ihrer Befreiung unter Mose, der Offenbarung am Berg Sinai und dem Empfang der Zehn Gebote.

- **Levitikus:** Dieses Buch konzentriert sich auf die Gesetze und Rituale im Zusammenhang mit dem Gottesdienst, einschließlich der Rolle der Priester, Speisegesetzen und moralischen Geboten.

- **Zahlen:** Es erzählt von der Reise der Israeliten durch die Wildnis, ihren Prüfungen und ihrer Vorbereitung auf den Einzug ins Gelobte Land.

- **Deuteronomium:** Es wird als letzte Rede des Moses präsentiert und fasst die Gesetze zusammen, die den Israeliten gegeben wurden, und betont die Bundesbeziehung zwischen Gott und seinem Volk.

2. Nevi'im (Die Propheten)

Die Nevi'im sind in zwei Abschnitte unterteilt: die ehemaligen Propheten und die letzten Propheten.

- **Ehemalige Propheten:** Zu diesen Büchern gehören Josua, Richter, Samuel (1 und 2) und Könige (1 und 2). Sie erzählen die Geschichte Israels von der Eroberung Kanaans bis zum babylonischen Exil und betonen die Rolle verschiedener Führer und die Folgen der Treue oder des Ungehorsams der Israeliten gegenüber Gott.

- **Spätere Propheten:** Dieser Abschnitt umfasst Jesaja, Jeremia, Hesekiel und die zwölf kleinen Propheten (Hosea, Joel, Amos, Obadja, Jona, Micha, Nahum, Habakuk, Zefanja, Haggai, Sacharja und Maleachi). Diese Bücher enthalten die Botschaften der Propheten, die dem Volk Israel Gottes Warnungen, Führung und Versprechen übermittelten.

3. Ketuvim (Die Schriften)
Die Ketuvim sind eine vielfältige Buchsammlung, die Gedichte, Weisheitsliteratur und historische Berichte umfasst.

- **Psalmen:** Eine Sammlung von Hymnen und Gebeten, die ein breites Spektrum menschlicher Emotionen zum Ausdruck bringen, von Freude und Dankbarkeit bis hin zu Trauer und Flehen.
- **Sprichwörter:** Eine Zusammenstellung weiser Sprüche und Lehren darüber, wie man ein gerechtes und erfülltes Leben führt.
- **Arbeit:** Eine tiefgründige Auseinandersetzung mit Leiden und Glauben, die von den Prüfungen Hiobs und seiner Suche nach dem Verständnis der göttlichen Gerechtigkeit erzählt.
- **Die fünf Megillot (Schriftrollen):** Dazu gehören „Hohelied" (ein poetischer Dialog über die Liebe), „Rut" (eine Geschichte über Treue und Erlösung), „Lamentations" (Trauer um die Zerstörung Jerusalems), „Prediger" (Nachdenken über den Sinn des Lebens) und „Esther" (die Geschichte der jüdischen Befreiung). während Purim gefeiert).
- **Daniel, Esra-Nehemia und Chroniken (1 und 2):** Diese Bücher bieten historische Erzählungen und Reflexionen über die Erfahrungen des jüdischen

Volkes, einschließlich seines Exils, seiner Rückkehr nach Jerusalem und des Wiederaufbaus des Tempels.

<u>Schlüsselgeschichten und Themen</u>

Die hebräische Bibel ist reich an Geschichten und Themen, die das jüdische Denken und Handeln seit Jahrtausenden geprägt haben. Hier beleuchten wir einige der wichtigsten Erzählungen und ihre bleibende Bedeutung.

- **Schöpfung und Sündenfall:** Die Schöpfungsgeschichte in Genesis bereitet die Bühne für die Beziehung zwischen Gott und der Menschheit. Die Berichte über Adam und Eva, ihren Ungehorsam und die daraus resultierende Verbannung aus Eden führen zu Themen wie Sünde, freiem Willen und dem menschlichen Zustand.

- **Die Patriarchen und Matriarchen:** Das Leben Abrahams, Isaaks, Jakobs und ihrer Familien ist von zentraler Bedeutung für das Verständnis des Bundes Gottes mit Israel. Diese Erzählungen betonen Glauben, Gehorsam und das Versprechen eines auserwählten Volkes.

- **Der Exodus:** Die Befreiung der Israeliten aus der ägyptischen Sklaverei, ihre Reise durch die Wildnis und die Übergabe der Thora am Berg Sinai sind grundlegende Ereignisse, die die jüdische Identität und das Konzept der Erlösung definieren.

- **Die Monarchie und die Propheten:** Die Gründung des Königreichs Israel, die Herrschaft Sauls, Davids und Salomos sowie die Botschaften der Propheten verdeutlichen die Bedeutung gerechter Führung, Gerechtigkeit und die Folgen von Götzendienst und moralischem Versagen.

- **Exil und Rückkehr:** Die Zerstörung des Ersten Tempels, das babylonische Exil und die schließliche Rückkehr nach Jerusalem unter persischer Herrschaft unterstreichen die Themen Verlust, Reue und Erneuerung. Diese Ereignisse prägten die Widerstandsfähigkeit der Juden und ihre Hoffnung auf Erlösung.

- **Weisheit und Anbetung:** Die Poesie- und Weisheitsliteratur wie Psalmen, Sprichwörter und Prediger bieten Einblicke in die menschliche Erfahrung, die Suche nach Sinn und die Natur der Anbetung und der Beziehung zu Gott.

Bei diesen Geschichten und Themen handelt es sich nicht nur um historische Berichte, sondern auch um moralische und spirituelle Lehren, die bei jüdischen Gemeinden und darüber hinaus weiterhin Anklang finden. Sie bieten einen Rahmen für das Verständnis des göttlichen, ethischen Lebens und des dauerhaften Strebens nach Gerechtigkeit und Rechtschaffenheit.

Die hebräische Bibel (Tanach) ist der Eckpfeiler der jüdischen heiligen Texte. Seine Struktur – bestehend aus Thora, Nevi'im und Ketuvim – umfasst eine Fülle von Erzählungen, Gesetzen und Lehren, die die jüdische Geschichte, Kultur und Spiritualität geprägt haben.

Der Talmud

Nach der Erkundung der Grundtexte der hebräischen Bibel ist es wichtig, sich mit dem Talmud zu befassen, einem weiteren Eckpfeiler jüdischer Gelehrsamkeit und Tradition. Der Talmud ist ein zentraler Text im rabbinischen Judentum und repräsentiert jahrhundertelange Diskussionen, Debatten und Interpretationen jüdischer Gelehrter. Es dient als umfassender Leitfaden zu jüdischem

Recht, Ethik, Philosophie und Tradition und bietet Tiefe und Kontext zu den Lehren der Thora.

<u>Überblick über Mischna und Gemara</u>
Der Talmud besteht aus zwei Hauptbestandteilen: der Mischna und der Gemara.

1. Die Mischna

Die Mischna ist die erste große schriftliche Redaktion der jüdischen mündlichen Überlieferungen, die um 200 n. Chr. von Rabbi Judah, dem Prinzen, zusammengestellt wurde. Es handelt sich um eine systematische Sammlung jüdischer Gesetze und Lehren, die zuvor über Generationen hinweg mündlich weitergegeben wurden. Die Mischna ist in sechs Ordnungen gegliedert, die sich jeweils auf einen anderen Aspekt des jüdischen Lebens und Gesetzes konzentrieren:

- **Zeraim (Samen):** Diese Ordnung befasst sich mit landwirtschaftlichen Gesetzen und Gebeten und betont die Beziehung zwischen Menschen, dem Land und Gott.
- **Mut (Festival):** Es behandelt die Gesetze des Sabbats und der jüdischen Feste und bietet Richtlinien für die Einhaltung dieser heiligen Zeiten.

- **Nashim (Frauen):**Diese Verordnung befasst sich mit dem Familienrecht, einschließlich Ehe, Scheidung und Gelübden.

- **Schäden:** Der Schwerpunkt liegt auf dem Zivil- und Strafrecht und enthält detaillierte Regeln zu Eigentum, Schadensersatz und ethischem Verhalten.

- **Kodashim (Heilige Dinge):** Diese Anordnung bezieht sich auf den Tempeldienst, Opfergesetze und Ernährungsbeschränkungen.

- **Tohorot (Reinheiten):** Es behandelt die Gesetze der rituellen Reinheit und Unreinheit, die für die Aufrechterhaltung der Heiligkeit im täglichen Leben unerlässlich sind.

Die Struktur und prägnante Sprache der Mischna machen sie zu einer unschätzbar wertvollen Ressource für das Verständnis jüdischer Gesetze und Traditionen. Es dient als Grundlage für weitere Interpretationen und Diskussionen.

2. Die Gemara

Die Gemara ist eine Sammlung rabbinischer Analysen, Kommentare und Diskussionen zur Mischna. Es wurde über mehrere Jahrhunderte hinweg zusammengestellt, mit zwei Hauptversionen: dem babylonischen Talmud (vollendet um 500 n. Chr.) und dem Jerusalemer Talmud (vollendet um

400 n. Chr.). Der babylonische Talmud ist umfassender und umfassender erforscht.

Die Gemara erweitert die Mischna, untersucht die Gründe für die Gesetze und bietet verschiedene Perspektiven verschiedener Rabbiner. Es umfasst juristische Debatten, ethische Lehren, Anekdoten und historischen Kontext. Die in der Gemara verwendete dialektische Methode fördert kritisches Denken und eine tiefe Auseinandersetzung mit dem Text.

Durch das Zusammenspiel von Mischna und Gemara entsteht ein dynamischer und vielschichtiger Text, der ein breites Spektrum an Themen thematisiert, die für das jüdische Leben relevant sind. Zusammen bilden sie den Talmud, der in jüdischen Gemeinden und Bildungseinrichtungen weltweit gründlich studiert wird.

Bedeutung der rabbinischen Literatur
Die rabbinische Literatur, zu der der Talmud und andere Texte gehören, spielt eine entscheidende Rolle in der Entwicklung und Praxis des Judentums. Es erfüllt mehrere Schlüsselfunktionen:

1. Interpretation und Ausarbeitung der Thora

Die rabbinische Literatur bietet detaillierte Interpretationen und Erläuterungen zu den Gesetzen und Geboten der Thora. Die prägnante und oft kryptische Sprache der Thora bedarf einer Erklärung und Erweiterung, um effektiv auf das tägliche Leben angewendet werden zu können. Der Talmud und andere rabbinische Schriften schließen diese Lücke, bieten praktische Anleitung und stellen sicher, dass die Lehren der Thora über Generationen hinweg relevant bleiben.

2. Rechtlicher und ethischer Rahmen

Der Talmud legt einen umfassenden rechtlichen und ethischen Rahmen fest, der alle Aspekte des jüdischen Lebens regelt, von der Einhaltung ritueller Rituale bis hin zu zwischenmenschlichen Beziehungen. Es befasst sich mit komplexen rechtlichen Fragen, moralischen Dilemmata und sozialen Fragen und bietet einen strukturierten Ansatz für ein Leben im Einklang mit jüdischen Werten.

3. Bewahrung der mündlichen Überlieferung

Die Mischna und die Gemara bewahren die mündlichen Überlieferungen, die für die jüdische

Bildung von zentraler Bedeutung waren, bevor sie niedergeschrieben wurden. Zu diesen Traditionen gehören nicht nur Gerichtsurteile, sondern auch Geschichten, Gleichnisse und Lehren, die die Weisheit und Erfahrungen des jüdischen Volkes vermitteln. Der Talmud stellt sicher, dass diese reichen mündlichen Überlieferungen nicht verloren gehen, sondern weiterhin studiert und weitergegeben werden.

4. Intellektuelles und spirituelles Engagement

Das Studium des Talmud ist eine strenge intellektuelle Übung, die kritisches Denken, Debatte und tiefes Nachdenken fördert. Die Beschäftigung mit rabbinischer Literatur fördert ein lebenslanges Streben nach Wissen und spirituellem Wachstum. Es fordert den Einzelnen dazu auf, tief über ethische Fragen, die menschliche Natur und das Göttliche nachzudenken.

5. Anpassungsfähigkeit und Kontinuität

Die rabbinische Literatur zeigt die Anpassungsfähigkeit und Kontinuität des jüdischen Gesetzes und der jüdischen Tradition. Die dynamischen Diskussionen und Debatten im Talmud spiegeln die Fähigkeit des jüdischen Rechts wider, sich weiterzuentwickeln und auf veränderte Umstände zu reagieren und dabei in den Grundprinzipien verwurzelt zu bleiben. Diese Anpassungsfähigkeit hat es dem Judentum ermöglicht, in verschiedenen historischen und kulturellen Kontexten zu gedeihen.

6. Gemeinschaft und Identität

Das Studium und die Anwendung rabbinischer Literatur fördern das Gemeinschaftsgefühl und die gemeinsame Identität der Juden. Es schafft einen gemeinsamen Wissens- und Praxisrahmen, der jüdische Gemeinden weltweit vereint. Der Talmud mit seinen vielen Kommentaren und Interpretationen dient als kollektives Unterfangen, das Einzelpersonen mit einer breiteren Tradition und Gemeinschaft verbindet.

Der Talmud, bestehend aus Mischna und Gemara, ist ein grundlegender Text des Judentums, der detaillierte Interpretationen, rechtliche Leitlinien und ethische Lehren bietet. Es bewahrt die reichen mündlichen Überlieferungen jüdischer Gelehrsamkeit und fördert intellektuelles und spirituelles Engagement. Die rabbinische Literatur als Ganzes spielt eine entscheidende Rolle bei der

Aufrechterhaltung der Kontinuität, Anpassungsfähigkeit und Gemeinschaft des jüdischen Lebens.

Während wir unsere Erforschung jüdischer heiliger Texte fortsetzen, führt uns der nächste Abschnitt zu anderen wichtigen Schriften, darunter dem Midrasch und der Kabbala, die das jüdische Denken und die jüdische Spiritualität weiter bereichern. Diese Texte bauen auf den Grundlagen der hebräischen Bibel und des Talmuds auf und bieten zusätzliche Ebenen an Bedeutung und Einsicht.

Andere wichtige Texte

Neben der hebräischen Bibel (Tanach) und dem Talmud umfasst die jüdische Tradition eine reiche Literatur, die die grundlegenden Texte weiter erläutert, interpretiert und erweitert. Dazu gehören der Midrasch, die Kabbala und verschiedene zeitgenössische Schriften. Jedes davon trägt einzigartige Einsichten und Perspektiven zum jüdischen Denken, zur jüdischen Spiritualität und zur jüdischen Praxis bei.

<u>Midrasch</u>

Der Midrasch ist ein Genre der rabbinischen Literatur, das Kommentare zur hebräischen Bibel liefert, oft durch Geschichtenerzählen und kreative Exegese. Der Begriff „Midrasch" kommt von der hebräischen Wurzel „darash", was „suchen, studieren oder erforschen" bedeutet. Der Midrasch versucht, Lücken zu schließen, Unklarheiten aufzulösen und Fragen zu beantworten, die sich aus dem biblischen Text ergeben.

Es gibt zwei Haupttypen von Midrasch: **Midrasch Halacha** Und **Midrasch Aggada.**

1. **Midrasch Halacha**: Dieser Typus konzentriert sich auf die Rechtsexegese, die Ableitung von Gesetzen und ethischen Richtlinien aus dem biblischen Text. Oft wird untersucht, wie bestimmte Verse die Entwicklung des jüdischen Rechts unterstützen oder beeinflussen. Die Midrasch Halacha ist eng mit der Mischna und dem Talmud verbunden und bietet einen rechtlichen und moralischen Rahmen für das jüdische Leben.

2. **Midrasch Aggada:** Dieser Typ umfasst nicht-juristische Exegese und ist reich an

Geschichten, Gleichnissen und homiletischen Lehren. Midrasch Aggadah zielt darauf ab, moralische Lehren, theologische Einsichten und tiefere Bedeutungen hinter den biblischen Erzählungen zu vermitteln. Es geht oft ausführlicher auf das Leben biblischer Charaktere ein und fügt Detailebenen und Interpretationen hinzu, die das Verständnis des Lesers bereichern.

Ein Beispiel für Midrasch Aggada ist die Geschichte von Abraham, der die Götzen seines Vaters zerschmettert. Diese Geschichte, die in der hebräischen Bibel nicht zu finden ist, veranschaulicht Abrahams Ablehnung des Götzendienstes und sein Bekenntnis zum Monotheismus und unterstreicht seine Rolle als Vater des jüdischen Glaubens.

Die Midrasch-Literatur ist umfangreich und vielfältig, mit Werken wie Midrasch Rabbah, einer Sammlung von Midraschim über die Thora und die Fünf Megillot, und der Pesikta, die Predigten für besondere Sabbate und Feste enthält. Durch den Midrasch demonstriert die jüdische Tradition ihre dynamische Natur und setzt sich auf eine Weise mit dem biblischen Text auseinander, die sowohl wissenschaftlich als auch einfallsreich ist.

Kabbala

Die Kabbala repräsentiert die mystische Dimension des Judentums. Es erforscht die Natur Gottes, die Erschaffung des Universums und die spirituellen Aspekte der menschlichen Existenz. Die Kabbala versucht, die verborgenen, esoterischen Bedeutungen der Tora und der göttlichen Realitäten aufzudecken, die der physischen Welt zugrunde liegen.

Einer der bedeutendsten Texte der Kabbala ist der **Sohar (Buch der Pracht)**, traditionell dem Weisen Rabbi Shimon bar Yochai aus dem 2. Jahrhundert zugeschrieben, Gelehrte gehen jedoch davon aus, dass es vom spanisch-jüdischen Mystiker Moses de León aus dem 13. Jahrhundert zusammengestellt wurde. Der Sohar ist ein komplexes Werk in aramäischer Sprache, das aus mystischen Kommentaren zur Thora, Geschichten und Diskursen besteht.

Im Mittelpunkt des kabbalistischen Denkens steht das Konzept des **Sefirot**, zehn Emanationen oder

Attribute, durch die Gott mit der Welt interagiert. Die Sefirot werden als Baum des Lebens dargestellt und repräsentieren verschiedene Aspekte der göttlichen Realität, wie Weisheit, Verständnis, Freundlichkeit und Gerechtigkeit. Kabbalisten studieren diese Emanationen, um Einblicke in die Natur Gottes und die spirituelle Struktur des Universums zu gewinnen.

Ein weiterer wichtiger kabbalistischer Text ist der **Sefer Yetzirah (Buch der Schöpfung)**, eines der frühesten bekannten Werke der jüdischen Mystik. Der Schwerpunkt liegt auf der mystischen Bedeutung des hebräischen Alphabets und der Erschaffung der Welt durch göttliche Sprache.

Die Kabbala hat verschiedene jüdische Praktiken beeinflusst, darunter Gebete, Meditation und die Interpretation religiöser Rituale. Es bietet eine zutiefst spirituelle Perspektive, die die Vernetzung aller Dinge und das Streben nach einem höheren Verständnis des Göttlichen betont.
Jüdische heilige Texte umfassen ein reichhaltiges Literaturgeflecht, das den Midrasch, die Kabbala und zeitgenössische Schriften umfasst. Der Midrasch bietet kreative und aufschlussreiche

Kommentare zur hebräischen Bibel, während die Kabbala eine mystische Erkundung des Göttlichen und des Universums bietet.

Während wir unsere Reise durch die jüdische Geschichte, Kultur und Spiritualität fortsetzen, wird das nächste Kapitel wichtige historische Ereignisse untersuchen, die das jüdische Volk und seine Identität geprägt haben. Das Verständnis dieser Ereignisse wird einen weiteren Kontext für die Entwicklung jüdischer Überzeugungen und Praktiken liefern.

KAPITEL 3

Wichtige historische Ereignisse

Das babylonische Exil

Willkommen zum dritten Kapitel unserer Erkundung des Judentums. Hier tauchen wir in eine der bedeutendsten und transformativsten Perioden der jüdischen Geschichte ein: das babylonische Exil. Dieses Ereignis veränderte nicht nur die physische und soziale Landschaft des jüdischen Volkes, sondern hatte auch tiefgreifende Auswirkungen auf seine Theologie und Identität.

<u>Ursachen und Folgen</u>

Um das babylonische Exil zu verstehen, müssen wir zunächst die Umstände betrachten, die dazu führten. Im 6. Jahrhundert v. Chr. sah sich das Königreich Juda einem wachsenden Druck durch das expandierende Babylonische Reich ausgesetzt. Politische Instabilität, soziale Ungleichheit und religiöse Korruption innerhalb Judas schwächten das Königreich und machten es anfällig für Bedrohungen von außen. Der Prophet Jeremia warnte vor einer drohenden Katastrophe, wenn das Volk seinen Bundesverpflichtungen nicht nachkäme, aber seine Bitten blieben unbeachtet.

Im Jahr 586 v. Chr. belagerte König Nebukadnezar II. von Babylon Jerusalem, was zur Zerstörung der Stadt und dem Brand des Salomonischen Tempels führte, ein verheerender Schlag für das jüdische Volk. Die babylonischen Streitkräfte deportierten die judäische Elite, darunter den König, Priester und erfahrene Handwerker, nach Babylon. Diese Deportation, bekannt als das babylonische Exil, markierte den Beginn einer Zeit tiefgreifender Umbrüche und Veränderungen für die jüdische Gemeinschaft.

Die Folgen des Exils waren weitreichend. Der Verlust des Tempels, der zentralen Kultstätte und Symbol der göttlichen Präsenz, ließ die Juden ohne ihren spirituellen und gemeinschaftlichen Anker zurück. Die Vertreibung aus ihrer Heimat zwang sie, sich an eine neue Umgebung anzupassen und Wege zu finden, ihre Identität und religiösen Praktiken in einem fremden Land aufrechtzuerhalten.

Auswirkungen auf jüdische Theologie und Identität
Das babylonische Exil hatte tiefgreifende Auswirkungen auf die jüdische Theologie und Identität und führte zu erheblichen Veränderungen in der Art und Weise, wie das jüdische Volk seine Beziehung zu Gott und seinen Platz in der Welt verstand.

1. Theologische Reflexion und Transformation
Die Erfahrung des Exils führte zu einer tiefen theologischen Reflexion. Die Zerstörung des Tempels und der Verlust des Landes wurden als göttliche Strafe für die Sünden des Volkes interpretiert, insbesondere für sein Versagen, die Gerechtigkeit aufrechtzuerhalten und sein Engagement für den Götzendienst. Diese Interpretation verstärkte die Idee einer Bundesbeziehung mit Gott, die ethisches Verhalten und die ausschließliche Anbetung Jahwes erforderte.

Propheten wie Hesekiel und der Zweite Jesaja boten Botschaften der Hoffnung und Erneuerung und betonten, dass Gott sein Volk trotz des Exils nicht im Stich gelassen habe. Hesekiels Vision von den ausgetrockneten Gebeinen (Hesekiel 37) symbolisierte die Wiederherstellung Israels und deutete an, dass eine nationale Wiedergeburt durch göttliches Eingreifen möglich war. Der zweite Jesaja führte das Konzept des „leidenden Dieners" ein, dessen Leiden Erlösung bringen würde, ein Thema, das tiefe Resonanz im jüdischen und später christlichen Denken finden sollte.

2. Entwicklung des Synagogengottesdienstes
Nachdem der Tempel zerstört war, konnten die im Exil lebenden Juden weder Opfer darbringen noch viele der mit der Tempelverehrung verbundenen Rituale befolgen. Dies erforderte die Entwicklung neuer Formen religiöser Praxis, die sich auf Gebete, Studien und Gemeinschaftstreffen konzentrierten. Die Synagoge entwickelte sich zu einer zentralen Einrichtung für den gemeinschaftlichen Gottesdienst und das Studium der Thora und ermöglichte es dem jüdischen Volk, seine religiöse Identität im Exil zu bewahren.

Die Verlagerung vom Tempel- zum Synagogengottesdienst demokratisierte die religiöse Praxis, machte sie für die allgemeine Bevölkerung zugänglicher und betonte die Bedeutung des persönlichen und gemeinschaftlichen Gebets, des Thorastudiums und eines ethischen Lebens.

3. Zusammenstellung und Kanonisierung heiliger Texte

In der Zeit des Exils wurde der Schwerpunkt erneut auf die Bewahrung und Weitergabe heiliger Texte gelegt. Die jüdischen Führer in Babylon begannen mit der Zusammenstellung und Kanonisierung der Texte, die zur hebräischen Bibel (Tanach) werden sollten. Dieser Prozess umfasste das Sammeln mündlicher Überlieferungen, historischer Aufzeichnungen, prophetischer Schriften und Rechtskodizes, um sicherzustellen, dass das jüdische Erbe und die religiösen Lehren für zukünftige Generationen erhalten blieben.

Die Betonung des geschriebenen Wortes festigte die Rolle der Thora und anderer Schriften als zentraler Bestandteil des jüdischen religiösen Lebens und der jüdischen Identität. Das Studium und die Interpretation dieser Texte wurden zu Schlüsselbestandteilen der jüdischen Bildung und des gemeinschaftlichen Gottesdienstes.

4. Stärkung der jüdischen Identität

Die Erfahrung im Exil zwang die jüdische Gemeinschaft, ihre Identität neu zu behaupten und zu definieren. Da sie in einem fremden Land mit anderen Bräuchen und Glaubensvorstellungen lebten, mussten die Verbannten Wege finden, ihre Einzigartigkeit zu bewahren und sich gleichzeitig an ihre neue Umgebung anzupassen. Dies führte zu einer stärkeren Betonung kultureller und religiöser Merkmale wie Speisegesetze, Einhaltung des Sabbats und Beschneidung, was dazu beitrug, ihre einzigartige Identität zu bewahren.

Die Widerstandsfähigkeit und Anpassungsfähigkeit der im Exil lebenden Juden in dieser Zeit bildeten einen Präzedenzfall für jüdische Gemeinden im Laufe der Geschichte. Ihre Fähigkeit, ihren Glauben und ihre Identität trotz Widrigkeiten zu bewahren, wurde zu einem bestimmenden Merkmal des jüdischen Lebens.

5. Rückkehr und Wiederherstellung
Im Jahr 539 v. Chr. eroberte der persische König Kyros der Große Babylon und erließ ein Dekret, das den verbannten Juden erlaubte, nach Juda zurückzukehren und den Tempel wieder aufzubauen. Dieses als Edikt des Kyros bekannte Ereignis markierte das Ende des babylonischen Exils und den Beginn der Zeit des Zweiten Tempels.

Die Rückkehr nach Juda war ein komplexer und herausfordernder Prozess. Nicht alle Exilanten entschieden sich für die Rückkehr, und diejenigen, die es taten, standen vor der gewaltigen Aufgabe, ihre Gesellschaft und ihre religiösen Institutionen wieder aufzubauen. Die Rückkehrer, angeführt von Persönlichkeiten wie Serubbabel, Esra und Nehemia, unternahmen den Wiederaufbau des Tempels und die Wiederherstellung Jerusalems als religiöses und politisches Zentrum des jüdischen Lebens.

Esras Rolle bei der Wiederbelebung des jüdischen religiösen Lebens war besonders bedeutsam. Er betonte das Studium der Thora und die Einhaltung ihrer Gesetze und betonte damit die zentrale Bedeutung der Heiligen Schrift im jüdischen Leben. Nehemias Bemühungen beim Wiederaufbau der Stadtmauern und der Organisation der Gemeinschaft trugen dazu bei, das Gefühl der Sicherheit und der gemeinschaftlichen Identität wiederherzustellen.

In der Zeit nach dem Exil entwickelten sich neue religiöse Praktiken und Institutionen sowie verschiedene Sekten und Interpretationen des

Judentums. Diese Vielfalt an Gedanken und Praktiken legte den Grundstein für die reiche und vielschichtige Natur des Judentums in den folgenden Jahrhunderten.

Die Zeit des Zweiten Tempels

Die Zeit des Zweiten Tempels ist eine bedeutende Ära in der jüdischen Geschichte, die von der Rückkehr der Verbannten nach Juda unter persischer Herrschaft im Jahr 538 v. Chr. bis zur Zerstörung des Zweiten Tempels durch die Römer im Jahr 70 n. Chr. reicht. Diese Zeit war sowohl in religiöser als auch in kultureller Hinsicht von enormen Veränderungen und Entwicklungen geprägt, da das jüdische Volk sich mit neuen politischen Realitäten und kulturellen Einflüssen auseinandersetzte.

<u>Wiederaufbau des Tempels und der Aufstieg der Sekten</u>

Das erste große Ereignis der Zeit des Zweiten Tempels war der Wiederaufbau des Tempels in Jerusalem. Ermutigt durch den Erlass des persischen Königs Kyros dem Großen kehrten viele Juden nach Jerusalem zurück, mit der Absicht, ihr religiöses und gemeinschaftliches Leben wiederherzustellen.

Angeführt von Persönlichkeiten wie Serubbabel, einem Nachkommen König Davids, und Josua, dem Hohepriester, begannen die Rückkehrer mit der mühsamen Aufgabe, den Tempel wieder aufzubauen, der seit der babylonischen Eroberung in Trümmern lag.

Die Fertigstellung des Zweiten Tempels um 516 v. Chr. war ein bedeutsames Ereignis und symbolisierte die Erneuerung der Bundesbeziehung zwischen Gott und dem jüdischen Volk. Allerdings fehlte dem neuen Tempel die Erhabenheit des Salomo-Tempels und der Bundeslade, die verloren gegangen waren. Trotz dieser Unterschiede wurde der wiederaufgebaute Tempel erneut zum Zentrum des jüdischen Gottesdienstes und des religiösen Lebens.

Die Wiederherstellung des Tempels führte auch zu bedeutenden religiösen und sozialen Veränderungen. In dieser Zeit entstanden verschiedene jüdische Sekten, die die Thora und das jüdische Gesetz jeweils auf unterschiedliche Weise interpretierten. Diese Gruppen stritten sich häufig über religiöse Praktiken, Auslegungen der Heiligen Schrift und Reaktionen auf äußere Einflüsse.

1. Die Sadduzäer: Diese Gruppe bestand hauptsächlich aus Priester- und Adelsfamilien, die eng mit dem Tempelkult verbunden waren. Die Sadduzäer hielten sich strikt an die geschriebene Thora und lehnten die mündlichen Überlieferungen anderer Gruppen ab. Sie waren in ihren religiösen Ansichten konservativ und kooperierten mit den herrschenden Mächten, um ihren Status und Einfluss aufrechtzuerhalten.

2. Die Pharisäer: Die aus Laiengelehrten und Gesetzeslehrern hervorgegangenen Pharisäer betonten die Bedeutung der mündlichen Thora neben der geschriebenen Thora. Sie glaubten an die Auslegung und Anpassung des Gesetzes an den Alltag und machten die jüdische Praxis allen Juden zugänglich. Der Fokus der Pharisäer auf persönliche Frömmigkeit und ethisches Verhalten hatte einen nachhaltigen Einfluss auf das Judentum, insbesondere nach der Zerstörung des Zweiten Tempels.

3. Die Essener: Die Essener waren eine eher asketische und separatistische Gruppe. Sie lebten in isolierten Gemeinschaften und hielten sich an

strenge Reinheitsgesetze. Sie lehnten die Tempelpraktiken ab, die sie als korrupt ansahen, und warteten auf eine messianische Gestalt, die sie anführen würde. Die Entdeckung der Schriftrollen vom Toten Meer in Qumran lieferte wichtige Einblicke in ihren Glauben und ihre Praktiken.

4. Die Zeloten: Diese Gruppe zeichnete sich durch ihren militanten Widerstand gegen die römische Herrschaft und ihr Engagement für die Idee der jüdischen Unabhängigkeit aus. Die Zeloten spielten eine entscheidende Rolle beim jüdischen Aufstand gegen die Römer, der letztendlich zur Zerstörung des Zweiten Tempels führte.

Die Vielfalt dieser Sekten spiegelt die lebendige und dynamische Natur des jüdischen religiösen Lebens während der Zeit des Zweiten Tempels wider. Jede Gruppe trug zum reichen Geflecht jüdischer Gedanken und Praktiken bei und bereitete so den Weg für zukünftige Entwicklungen im Judentum.

Hellenistische Einflüsse und der Makkabäeraufstand
Die Ankunft Alexanders des Großen im Jahr 332 v. Chr. und die anschließende Ausbreitung der hellenistischen Kultur führten zu bedeutenden

Veränderungen in der jüdischen Welt. Der Hellenismus mit seinem Schwerpunkt auf griechischer Sprache, Kunst, Philosophie und bürgerlichem Leben hatte tiefgreifenden Einfluss auf die Regionen unter griechischer Kontrolle, einschließlich Judäa.

Für einige Juden bot die hellenistische Kultur Möglichkeiten zum Aufstieg und zur Integration in die breitere Mittelmeerwelt. Hellenistische Städte wie Alexandria wurden zu Zentren jüdischen Lebens und Lernens. Die Übernahme griechischer Bräuche und Ideen stellte jedoch auch eine Herausforderung für traditionelle jüdische Praktiken und Überzeugungen dar und führte zu Spannungen innerhalb der jüdischen Gemeinschaft.

Der Einfluss des Hellenismus erreichte während der Herrschaft von Antiochos IV. Epiphanes, dem seleukidischen König, der seinen Untertanen, einschließlich der Juden, die griechische Kultur und Religion aufzwingen wollte, einen kritischen Punkt. Zu Antiochos' aggressiver Politik gehörte das Verbot jüdischer religiöser Praktiken, die Schändung des Tempels durch die Errichtung eines Altars für

Zeus und die Verfolgung derjenigen, die sich der Hellenisierung widersetzten.

Diese Aktionen lösten den Makkabäeraufstand (167–160 v. Chr.) aus, der vom Priester Mattathias und seinen fünf Söhnen, insbesondere Judah Maccabee, angeführt wurde. Der Aufstand war ein entschlossener und letztendlich erfolgreicher Kampf für Religionsfreiheit und die Wiederherstellung jüdischer Praktiken.

Den Makkabäern oder Hasmonäern gelang es, den Tempel zurückzuerobern und ihn 164 v. Chr. wieder dem jüdischen Gottesdienst zu widmen, ein Ereignis, das jedes Jahr während des Chanukka-Festes begangen wird. Dieser Sieg war nicht nur ein religiöser, sondern auch ein politischer Triumph, denn er führte zur Gründung der Hasmonäer-Dynastie, die Judäa etwa ein Jahrhundert lang regierte.

Der Makkabäeraufstand verdeutlichte die Spannung zwischen der Übernahme externer kultureller Einflüsse und der Wahrung religiöser und kultureller Identität. In der Zeit nach dem Aufstand kam es zu einer anhaltenden Interaktion zwischen hellenistischen und jüdischen Kulturen sowie zur Konsolidierung jüdischer Gesetze und Praktiken.

Während der hasmonäischen Zeit entstanden die Pharisäer und Sadduzäer als unterschiedliche Gruppen mit unterschiedlichen Ansichten darüber, wie man sich mit der hellenistischen Kultur auseinandersetzt und das jüdische Leben regiert. Die Betonung des mündlichen Gesetzes und der Anpassungsfähigkeit der Pharisäer sollte später das rabbinische Judentum prägen, während die Konzentration der Sadduzäer auf den Tempelkult und die aristokratische Herrschaft nach der Zerstörung des Zweiten Tempels allmählich nachließ.

Der Einfluss des Hellenismus erstreckte sich auch auf jüdische Literatur, Philosophie und Kunst. Jüdische Gelehrte wie Philo von Alexandria versuchten, griechische Philosophie mit jüdischer Theologie in Einklang zu bringen und schufen so eine einzigartige Synthese, die das spätere christliche und jüdische Denken beeinflusste.

Die Diaspora

<u>Zerstörung des Zweiten Tempels</u>

Die Zeit des Zweiten Tempels fand im Jahr 70 n. Chr. ein verheerendes Ende, als die Römer unter General Titus Jerusalem belagerten. Diese Belagerung war Teil eines größeren Konflikts, der als Erster Jüdisch-Römischer Krieg bekannt ist und im Jahr 66 n. Chr. aufgrund wachsender Spannungen zwischen der jüdischen Bevölkerung und den römischen Behörden begann. Der Aufstand wurde durch religiöse, wirtschaftliche und soziale Missstände angeheizt und gipfelte in einer umfassenden Rebellion.

Die Belagerung Jerusalems war brutal und nach Monaten erbitterter Kämpfe durchbrachen die Römer die Verteidigungsanlagen der Stadt. Der Tempel, der das Herzstück des jüdischen Gottesdienstes und der nationalen Identität gewesen war, wurde in Brand gesteckt und völlig zerstört. Der Verlust des Zweiten Tempels war ein katastrophales Ereignis für das jüdische Volk und symbolisierte nicht nur die physische Zerstörung seines heiligen Raums, sondern auch das Ende einer zentralen Lebensweise, die sich um die Rituale und Opfer des Tempels drehte.

Die Zerstörung des Tempels zwang das jüdische Volk, sich der Notwendigkeit zu stellen, seine religiöse und gemeinschaftliche Identität neu zu definieren, ohne das physische und spirituelle Zentrum, das es jahrhundertelang verankert hatte. Diese Zeit markierte den Beginn der sogenannten jüdischen Diaspora oder der Zerstreuung der Juden über Israel hinaus.

Leben und Herausforderungen in der Diaspora
Nach der Zerstörung des Tempels zerstreuten sich die Juden über das gesamte Römische Reich und darüber hinaus und gründeten Gemeinschaften in Europa, Nordafrika und Asien. Das Leben in der Diaspora stellte zahlreiche Herausforderungen dar, da Juden ihre religiöse und kulturelle Identität in oft feindseligen oder gleichgültigen Umgebungen bewahren mussten.

1. Wahrung der religiösen Identität
Ohne den Tempel wurden die Synagoge und das Zuhause zu den zentralen Institutionen des jüdischen Lebens. Die Betonung des Gebets, des

Thorastudiums und gemeinschaftlicher Zusammenkünfte in Synagogen trug dazu bei, jüdische Religionspraktiken zu bewahren und das Gemeinschaftsgefühl zu fördern. Die ohnehin einflussreiche rabbinische Führung wurde bei der Führung des jüdischen Volkes durch diese Übergangszeit noch wichtiger.

Die Entwicklung des rabbinischen Judentums war in dieser Zeit von entscheidender Bedeutung. Die Rabbiner passten das jüdische Recht und die jüdische Praxis an und erweiterten sie, um sie an das Leben in der Diaspora anzupassen. Sie stellten die mündlichen Überlieferungen zusammen und kodifizierten sie in Texten wie der Mischna und später dem Talmud, die zu den grundlegenden Dokumenten für das jüdische Leben und Lernen in der Abwesenheit des Tempels wurden.

2. Kulturelle Anpassung und Integration
Jüdische Gemeinden in der Diaspora befanden sich oft in unterschiedlichen kulturellen und sozialen Umgebungen. Dies erforderte ein empfindliches Gleichgewicht zwischen der Wahrung ihrer individuellen Identität und der Integration in die Gesellschaft insgesamt. Juden trugen zu den

Kulturen, in denen sie lebten, bei und wurden von ihnen beeinflusst, was zu einem reichen Austausch von Ideen und Praktiken führte.

In Regionen wie Babylonien, Alexandria und später im islamischen Spanien blühte das jüdische intellektuelle und kulturelle Leben auf. Juden engagierten sich in Philosophie, Naturwissenschaften, Medizin und Kunst und trugen erheblich zur intellektuellen Landschaft ihrer Gastgesellschaften bei. Persönlichkeiten wie Saadia Gaon in Babylonien und Maimonides in Spanien veranschaulichten diese Synthese jüdischen Denkens mit umfassenderen philosophischen Traditionen.

3. Wirtschaftliche und soziale Herausforderungen
Aus wirtschaftlicher Sicht waren Juden häufig mit Einschränkungen konfrontiert und auf bestimmte Berufe wie Handel, Geldverleih und Handwerk beschränkt. Diese Einschränkungen förderten manchmal die wirtschaftliche Widerstandsfähigkeit und Spezialisierung, trugen aber auch zu Stereotypen und Spannungen mit der lokalen Bevölkerung bei.

Sozial gesehen lebten Juden oft in getrennten Vierteln und waren unterschiedlichem Ausmaß an Diskriminierung und Verfolgung ausgesetzt. Antisemitische Einstellungen und Maßnahmen mündeten immer wieder in Gewalt, etwa bei den Pogromen im mittelalterlichen Europa und den Vertreibungen aus Spanien und Portugal im späten 15. Jahrhundert. Diese Herausforderungen stärkten das Gefühl der Solidarität und der gemeinschaftlichen Verantwortung innerhalb der jüdischen Gemeinden.

4. Religiöse Verfolgung und Widerstandsfähigkeit
Im Laufe der Geschichte waren jüdische Gemeinden in der Diaspora Phasen intensiver Verfolgung ausgesetzt, darunter Zwangskonvertierungen, Massaker und Vertreibungen. Trotz dieser Nöte zeigten Juden eine bemerkenswerte Widerstandsfähigkeit, indem sie oft ihre Gemeinschaften wieder gründeten und ihre Traditionen in neuen Ländern aufrechterhielten.
Die Fähigkeit, religiöse Praktiken anzupassen und ein starkes Identitätsgefühl aufrechtzuerhalten, war der Schlüssel zum Überleben der Juden. Das dauerhafte Engagement für Bildung, Familie und Gemeinschaft, gepaart mit einem tiefen Glauben an

ihr religiöses Erbe, ermöglichte es den Juden, Jahrhunderte voller Widrigkeiten zu überstehen.

5. Kulturelle und religiöse Beiträge

Trotz der Herausforderungen leisteten die jüdischen Gemeinden in der Diaspora bedeutende kulturelle und religiöse Beiträge. Sie schufen eine Fülle literarischer, philosophischer und religiöser Werke, die die jüdische Tradition bereicherten und umfassendere kulturelle und intellektuelle Entwicklungen beeinflussten. Die Entstehung des Talmuds, die Entwicklung der jüdischen Mystik (Kabbala) und die Blüte jüdischer Poesie und Philosophie im Mittelalter sind Zeugnisse dieses lebendigen kulturellen Lebens.

6. Die Rolle von Talmud und Midrasch

Die Zusammenstellung und das Studium des Talmuds während der Diaspora spielten eine entscheidende Rolle bei der Vereinheitlichung jüdischer Gesetze und Praktiken in verschiedenen Gemeinschaften. Der Talmud bot einen umfassenden rechtlichen und ethischen Rahmen, der an unterschiedliche Kontexte angepasst werden konnte und dazu beitrug, ein Gefühl der Kontinuität und des

Zusammenhalts unter den verstreuten jüdischen Bevölkerungsgruppen aufrechtzuerhalten.

Auch die Literatur des Midrasch blühte weiter auf und bot neue Interpretationen und Einblicke in die Thora. Diese Texte boten spirituelle und moralische Orientierung und halfen den Juden, die Komplexität des Lebens in der Diaspora zu meistern und gleichzeitig mit ihren religiösen Wurzeln verbunden zu bleiben.

7. Jüdische Selbstverwaltung und Autonomie
Vielerorts wurde den jüdischen Gemeinden ein gewisses Maß an Selbstverwaltung zugestanden, das es ihnen ermöglichte, ihre religiösen und kommunalen Angelegenheiten selbst zu regeln. Institutionen wie der Kehillah (Gemeinderat) und der Bet Din (Rabbinergericht) spielten eine zentrale Rolle bei der Verwaltung von Justiz, Bildung und Sozialfürsorge. Diese Autonomie trug dazu bei, jüdische Gesetze und Bräuche zu bewahren und förderte ein starkes Gefühl gemeinschaftlicher Verantwortung und Solidarität.

Das babylonische Exil, die Zeit des Zweiten Tempels und die Erfahrungen der Diaspora sind

Schlüsselereignisse, die die jüdische Geschichte, Theologie und Identität tiefgreifend geprägt haben. Diese Zeiten des Umbruchs und der Transformation zwangen das jüdische Volk zu Anpassungen und Innovationen und entwickelten neue Formen des Gottesdienstes, der Regierungsführung und des kulturellen Ausdrucks. Die Widerstandsfähigkeit und Kreativität, die Juden während dieser historischen Herausforderungen bewiesen haben, haben das Überleben und die Kontinuität des Judentums gesichert.

Im weiteren Verlauf dieses Buches werden wir untersuchen, wie diese historischen Ereignisse weiterhin das heutige jüdische Leben beeinflussen. Das Verständnis der Vergangenheit liefert einen wesentlichen Kontext für die Würdigung des Reichtums und der Vielfalt des heutigen Judentums und unterstreicht die anhaltende Stärke und Anpassungsfähigkeit des jüdischen Volkes.

Als nächstes werden wir uns mit jüdischen Überzeugungen und Praktiken befassen und die Grundprinzipien und Rituale untersuchen, die das jüdische Leben und die jüdische Spiritualität definieren. Durch die Erforschung dieser Aspekte werden wir ein tieferes Verständnis dafür gewinnen, wie jüdische Identität und jüdischer Glaube in der alltäglichen Praxis gelebt werden.

KAPITEL 4

Jüdische Überzeugungen und Praktiken

Monotheismus und die Natur Gottes

<u>Jüdischen Monotheismus verstehen</u>

Der jüdische Monotheismus ist im Shema zusammengefasst, einem zentralen Glaubensbekenntnis in Deuteronomium 6:4: „Höre, Israel: Der Herr, unser Gott, der Herr ist einer." Diese einfache, aber tiefgründige Aussage bekräftigt den Glauben an einen einzigen, unteilbaren Gott, der der Schöpfer und Herrscher des Universums ist. Dieses Konzept ist grundlegend für das Judentum und unterscheidet es von polytheistischen Traditionen, die mehrere Götter verehren.

Die Wurzeln des jüdischen Monotheismus gehen auf Abraham zurück, der oft als der erste Monotheist bezeichnet wird. Abrahams Ablehnung des zu seiner Zeit vorherrschenden Götzendienstes und seine Annahme eines einzigen Gottes bereiteten den

Grundstein für das jüdische Verständnis des Göttlichen. Dieser Glaube wurde durch die Erfahrungen der Israeliten gefestigt, insbesondere während des Exodus und des Bundes am Berg Sinai, wo die Einzigartigkeit und Souveränität Gottes eindeutig bestätigt wurde.

Monotheismus im Judentum ist nicht nur der Glaube an einen Gott unter vielen; Es ist die Überzeugung, dass es nur einen wahren Gott gibt, der die ultimative Quelle aller Existenz ist. Dieser Glaube hat tiefgreifende Auswirkungen darauf, wie Juden ihre Beziehung zu Gott und ihre Verantwortung in der Welt verstehen. Es fördert ein Gefühl der Einheit und des Ziels, da alle Aspekte des Lebens als miteinander verbunden unter der Herrschaft eines göttlichen Wesens betrachtet werden.

Eigenschaften Gottes im Judentum

Während Gottes Wesen letztendlich außerhalb des menschlichen Verständnisses liegt, beschreibt die jüdische Tradition verschiedene Eigenschaften, die den Gläubigen helfen sollen, das Göttliche zu verstehen und sich darauf einzulassen. Diese Attribute beleuchten verschiedene Aspekte von

Gottes Charakter und wie Er mit der Welt interagiert.

1. Ewig und unveränderlich: Gott ist ewig, ohne Anfang und Ende und unveränderlich. Dieses Attribut unterstreicht die Idee, dass Gott außerhalb von Zeit und Raum existiert und inmitten der sich verändernden Natur der Welt konstant bleibt. Gottes ewige Natur bietet den Gläubigen eine Grundlage für Stabilität und Kontinuität.

2. Allmächtig: Gott ist allmächtig und fähig, alles zu tun, was logisch möglich ist. Dieser Glaube spiegelt sich in der Schöpfungserzählung wider, in der Gott das Universum ins Leben ruft, und in den Wundern, die überall in der Thora beschrieben werden. Gottes Allmacht sichert den Gläubigen seine Fähigkeit zu, in die Welt einzugreifen und den Lauf der Geschichte zu lenken.

3. Allwissend: Gott ist allwissend und verfügt über umfassendes Wissen über Vergangenheit, Gegenwart und Zukunft. Dieses Attribut betont Gottes Bewusstsein für alle Ereignisse und Handlungen sowie sein genaues Wissen über die Gedanken und Taten jedes Einzelnen. Gottes Allwissenheit sorgt

für Trost und Verantwortung, denn nichts entgeht seiner Aufmerksamkeit.

4. Allgegenwärtig: Gott ist jederzeit und überall präsent. Diese Idee kommt in Psalm 139,7-10 wunderbar zum Ausdruck, wo der Psalmist über die Gegenwart Gottes in jedem Winkel des Universums nachdenkt. Gottes Allgegenwart gibt den Gläubigen die Gewissheit, dass sie niemals allein sind und dass Gott immer erreichbar ist und ihnen Führung und Unterstützung bietet.

5. Gerecht und barmherzig: Gott verkörpert sowohl Gerechtigkeit als auch Barmherzigkeit. Diese Eigenschaften werden oft zusammen gesehen und spiegeln das Gleichgewicht zwischen der Verantwortung des Einzelnen für seine Handlungen und dem Angebot von Vergebung und Mitgefühl wider. Die Dualität von Gerechtigkeit und Barmherzigkeit ist ein wiederkehrendes Thema in der jüdischen Liturgie und den ethischen Lehren und unterstreicht die Bedeutung von Gerechtigkeit, gepaart mit Güte.

6. Liebevoll und mitfühlend: Gottes Liebe und Mitgefühl sind von zentraler Bedeutung für das

jüdische Verständnis des Göttlichen. Die Tora beschreibt Gottes Beziehung zu Israel häufig als die Beziehung eines liebevollen Elternteils zu seinem Kind. Diese nährende und schützende Liebe zeigt sich in Gottes Führung, Fürsorge und Geduld mit dem Volk Israel. Gottes Mitgefühl ermutigt Gläubige, diese Eigenschaft in ihren Interaktionen mit anderen nachzuahmen.

7. Transzendent und immanent: Gott ist sowohl transzendent – er existiert jenseits des physischen Universums – als auch immanent – präsent und in die Welt involviert. Diese Dualität ermöglicht es den Juden, Gott sowohl als Schöpfer des riesigen Kosmos als auch als eng in ihr Privatleben eingebunden zu sehen. Gottes Transzendenz weckt Ehrfurcht und Ehrfurcht, während seine Immanenz eine enge und persönliche Beziehung fördert.

8. Heiligkeit: Gott ist völlig anders und überaus heilig. Das Konzept der Heiligkeit im Judentum ist vielfältig und umfasst Reinheit, Getrenntheit und moralische Vollkommenheit. Gottes Heiligkeit ist ein Vorbild für menschliches Verhalten, wie es in Levitikus 19:2 zum Ausdruck kommt: „Ihr sollt heilig sein, denn ich, der Herr, euer Gott, bin heilig.“

Dieser Ruf zur Heiligkeit fordert die Gläubigen heraus, nach ethischer und spiritueller Exzellenz zu streben.

9. Treu und vertrauenswürdig: Gottes Treue ist ein Eckpfeiler der Bundesbeziehung zwischen Gott und dem jüdischen Volk. Gott ist zuverlässig und hält seine Versprechen und bietet den Gläubigen eine Grundlage des Vertrauens und der Sicherheit. Dieses Attribut wird in der Liturgie gefeiert, insbesondere in Gebeten, die an Gottes Treue gegenüber den Patriarchen und Matriarchen erinnern. Gottes Vertrauenswürdigkeit gibt den Gläubigen die Gewissheit, dass sie sich auf seine Führung und Fürsorge verlassen können.

10. Souverän und König: Gott wird oft als souveräner Herrscher oder König dargestellt. Diese Bilder vermitteln Gottes Autorität und Herrschaft über das gesamte Universum. Die Hohen Feiertage, insbesondere Rosch Haschana, betonen Gottes Königtum und die Idee des göttlichen Gerichts und der Souveränität. Die Anerkennung Gottes als König ermutigt die Gläubigen, im Einklang mit seinen

Geboten zu leben und nach Gerechtigkeit und Rechtschaffenheit in der Welt zu streben.

Diese Eigenschaften helfen Juden, in verschiedenen Kontexten eine Beziehung zu Gott aufzubauen – durch Gebet, Studium und ethisches Handeln. Sie prägen auch das jüdische Weltverständnis und bieten einen Rahmen für die Interpretation von Ereignissen und Erfahrungen im Lichte der Gegenwart und Absicht Gottes.

Der Bund

<u>Das Konzept des Bundes mit Gott</u>

Im Mittelpunkt der jüdischen Theologie steht der Begriff des Bundes (Brit), der die besondere, verbindliche Beziehung zwischen Gott und dem jüdischen Volk darstellt. Ein Bund ist seinem Wesen nach eine heilige Vereinbarung oder ein heiliger Vertrag und bedeutet im Kontext des Judentums eine gegenseitige Verpflichtung zwischen Gott und der Menschheit. Diese Bundesbeziehung ist grundlegend für die jüdische Identität und prägt die Gesetze, Ethik und spirituellen Praktiken der Gemeinschaft.

In der Tora schließt Gott mehrere Bündnisse mit dem jüdischen Volk, die jeweils seine Versprechen und Erwartungen bekräftigen. Diese Bündnisse unterstreichen Themen wie Treue, Gehorsam und göttliche Gunst. Sie umreißen die Verantwortung des jüdischen Volkes, nach Gottes Gesetzen und Geboten zu leben, sowie Gottes Verpflichtung, sein Volk zu führen, zu beschützen und zu segnen.

Das Konzept des Bundes ist mehr als eine historische oder rechtliche Vereinbarung; Es handelt sich um eine dynamische und dauerhafte Beziehung, die aktive Teilnahme und Erneuerung erfordert. Juden verstehen sich als Partner dieses Bundes, dem die Aufgabe übertragen ist, Gottes Gesetze aufrechtzuerhalten und seine Werte in der Welt zu verkörpern. Dieses Gefühl der Partnerschaft fördert eine starke gemeinschaftliche Identität und ein gemeinsames Ziel.

Wichtige Bündnisse in der jüdischen Geschichte

Mehrere wichtige Bündnisse in der jüdischen Geschichte verdeutlichen die sich entwickelnde Beziehung zwischen Gott und dem jüdischen Volk. Jeder Bund baut auf den vorherigen auf und erweitert und vertieft die eingegangenen Verpflichtungen und Versprechen.

1. Der Noah-Bund

Der erste große Bund in der Thora ist der Noah-Bund, der nach der Sintflut zwischen Gott und Noah geschlossen wurde. Dieser Bund gilt nicht nur für Noah und seine Nachkommen, sondern für die gesamte Menschheit und alle Lebewesen. Gott verspricht, die Erde nie wieder durch eine Flut zu zerstören, und das Zeichen dieses Bundes ist der Regenbogen. Der Noah-Bund unterstreicht Gottes Fürsorge für die gesamte Schöpfung und legt grundlegende ethische Prinzipien fest, wie etwa das Mordverbot, die für die menschliche Gesellschaft von grundlegender Bedeutung sind.

2. Der Abrahamsbund

Der Bund mit Abraham markiert den Beginn der besonderen Beziehung zwischen Gott und den Vorfahren des jüdischen Volkes. Gott ruft Abraham dazu auf, sein Heimatland zu verlassen, und verspricht, ihn zum Vater einer großen Nation zu machen. Dieser Bund beinhaltet Versprechen von

Land, Nachkommen und Segen. Das Zeichen des Abrahamsbundes ist die Beschneidung, zu deren Einhaltung Abraham und seine männlichen Nachkommen verpflichtet sind. Dieser Bund betont Glauben und Gehorsam, da Abrahams Vertrauen in Gott durch verschiedene Prüfungen geprüft und bestätigt wird.

3. Der mosaische Bund

Der Mosaische Bund, auch Sinai-Bund genannt, wird nach dem Auszug aus Ägypten zwischen Gott und den Israeliten am Berg Sinai geschlossen. Dieser Bund ist grundlegend für das jüdische Gesetz und die jüdische Praxis. Gott gibt Moses die Tora, einschließlich der Zehn Gebote und einer umfassenden Reihe von Gesetzen, die das religiöse, ethische und soziale Leben regeln. Der mosaische Bund legt den Rahmen dafür fest, dass die Israeliten ein „Königreich von Priestern und eine heilige Nation" werden sollen (Exodus 19:6). Die Einhaltung der Gebote und Rituale wie des Sabbats und der Speisegesetze stärkt die Identität und Mission des jüdischen Volkes als von Gott auserwählte Gemeinschaft.

4. Der davidische Bund

Der davidische Bund wird mit König David geschlossen, der seine Dynastie begründet und verspricht, dass seine Nachkommen Israel für immer regieren werden. Dieser Bund unterstreicht Gottes Verpflichtung, die Führung der Linie Davids aufrechtzuerhalten, wobei die ultimative Erfüllung in der messianischen Erwartung eines zukünftigen Nachkommen liegt, der Frieden und Gerechtigkeit wiederherstellen wird. Der davidische Bund unterstreicht die Themen Führung, Königtum und göttliche Führung.

5. Der neue Bund

Das Konzept eines Neuen Bundes wurde vom Propheten Jeremia eingeführt (Jeremia 31,31-34) und in der jüdischen Tradition weiter ausgearbeitet. Dieser Bund sieht eine erneuerte Beziehung zwischen Gott und seinem Volk vor, die durch eine Verinnerlichung der Lehren der Thora gekennzeichnet ist. Anders als die früheren Bündnisse, die oft durch äußere Zeichen und Rituale gekennzeichnet waren, verspricht der Neue Bund, dass Gottes Gesetz in die Herzen der Menschen geschrieben wird. Dieser Bund sieht eine Zeit der spirituellen Erneuerung und einer tieferen Vertrautheit mit Gott vor.

Diese Bündnisse prägen gemeinsam die Erzählung des jüdischen Volkes und sein Verständnis seiner Beziehung zu Gott. Sie beleuchten die Themen Versprechen, Verantwortung und Hoffnung und führen die jüdische Gemeinschaft durch die Geschichte und in die Zukunft.

Mizwot (Gebote)

<u>Übersicht über die 613 Gebote</u>

Im Mittelpunkt der jüdischen Praxis und des jüdischen Glaubens steht die Einhaltung der Mizwot, bei denen es sich um Gebote oder gute Taten handelt, die in der Thora vorgeschrieben sind. Der Begriff „Mizwa" (Singular) wird allgemein als „Gebot" übersetzt, umfasst aber auch freundliche Handlungen und religiöse Verpflichtungen. Traditionell gibt es 613 Mizwot, die als Taryag Mizwot bekannt sind, aus der Tora abgeleitet und in der rabbinischen Literatur ausführlich beschrieben sind.

Die 613 Mizwot sind in zwei Kategorien unterteilt: **positive Gebote** (Mizwot aseh) und **negative Gebote** (Mizwot lo ta'aseh). Positive Gebote geben vor, welche Handlungen ausgeführt werden sollen, während negative Gebote bestimmte Verhaltensweisen verbieten.

<u>Positive Gebote</u>

Es gibt 248 positive Gebote, die der Anzahl der Knochen und wichtigen Organe im menschlichen Körper entsprechen und symbolisieren, dass man sein gesamtes Wesen einsetzen sollte, um Gottes Willen zu erfüllen. Beispiele für positive Gebote sind:

- Einhaltung des Sabbats und jüdischer Feste

- Die Eltern ehren

- Spenden für wohltätige Zwecke (tzedakah)

- Das Shema rezitieren

- Halten Sie sich koscher, indem Sie die Ernährungsvorschriften befolgen

Negative Gebote

Die 365 negativen Gebote entsprechen den Tagen des Sonnenjahres und symbolisieren die Notwendigkeit ständiger Wachsamkeit gegenüber Übertretungen. Beispiele für negative Gebote sind:

- Verbote des Götzendienstes und der Anbetung anderer Götter

- Am Sabbat nicht arbeiten

- Verbote von Diebstahl, Mord und Ehebruch

- Ernährungseinschränkungen, z. B. der Verzicht auf den Verzehr von nicht koscheren Tieren

- Verbote falscher Zeugenaussagen und des Ablegens falscher Aussagen

Diese Gebote umfassen alle Aspekte des Lebens, einschließlich ritueller Praktiken, ethischem Verhalten und gesellschaftlicher Gesetze. Sie sollen Juden dabei unterstützen, ein Leben zu führen, das heilig und im Einklang mit Gottes Willen ist.

Rolle der Mizwot im täglichen Leben

Die Mizwot spielen eine zentrale Rolle im jüdischen Alltag und prägen die Rhythmen und Praktiken gläubiger Juden. Sie werden nicht nur als Verpflichtungen gesehen, sondern als Gelegenheiten, sich mit Gott zu verbinden und Heiligkeit in die Welt zu bringen. Die Einhaltung der Mizwot ist eine greifbare Möglichkeit, Glauben und Hingabe auszudrücken.

Rituelle Einhaltung

Viele Mizwot beziehen sich auf Rituale und religiöse Praktiken, die den täglichen und wöchentlichen Ablauf strukturieren. Zum Beispiel:

- Gebet: Den Juden wird geboten, dreimal am Tag zu beten: Schacharit (Morgen), Mincha (Nachmittag) und Maariv (Abend). Zu diesen Gebeten gehört oft die Rezitation des Schemas und der Amida, Kernbestandteile der jüdischen Liturgie.

- Schabbat und Feste: Die Einhaltung des Schabbats (Schabbat) ist eine der wichtigsten Mizwot. Von Freitagabend bis Samstagabend verzichten Juden auf die Arbeit und widmen sich erholsamen, spirituellen

Aktivitäten. Besondere Gebete, Mahlzeiten und Rituale kennzeichnen den Tag. Ebenso werden jüdische Feste wie Pessach, Sukkot und Jom Kippur mit spezifischen Geboten und Traditionen begangen.

- Kaschrut: Die Ernährungsgesetze (Kaschrut) schreiben vor, welche Lebensmittel gegessen werden dürfen und wie sie zubereitet werden müssen. Zur Koscherhaltung gehört die Trennung von Fleisch und Milchprodukten, der Verzehr nur bestimmter Tiere und die Sicherstellung, dass die Speisen nach jüdischem Recht zubereitet werden. Diese Praxis heiligt den Akt des Essens und verleiht ihm spirituelle Bedeutung.

Ethische Grundsätze

Mizwot umfasst auch ethisches und moralisches Verhalten und betont die Bedeutung von Gerechtigkeit, Freundlichkeit und Mitgefühl im alltäglichen Umgang.

- Nächstenliebe (Tzedakah): Den Bedürftigen etwas zu geben, ist eine grundlegende Mizwa. Es gilt als ein Akt der Rechtschaffenheit und Gerechtigkeit und spiegelt den Glauben wider, dass Reichtum ein

Geschenk Gottes ist, das zum Wohle anderer eingesetzt werden soll.

- Eltern ehren: Das Gebot, die Eltern zu ehren (Kibud Av v'Em), betont den Respekt und die Fürsorge für die Eltern und spiegelt umfassendere Werte der familiären und sozialen Verantwortung wider.

- Ehrlichkeit und Integrität: Viele Mizwot betonen die Bedeutung von Ehrlichkeit im geschäftlichen und persönlichen Umgang und verbieten Diebstahl, Betrug und Täuschung.

Gesellschaftliche Verantwortung

Das Judentum lehrt, dass Mizwot über die persönliche Frömmigkeit hinausgehen und Verantwortung gegenüber der Gemeinschaft und der Gesellschaft als Ganzes einschließen.

- Gerechtigkeit (Tzedek): Das Streben nach Gerechtigkeit ist eine zentrale Mizwa. Die Tora befiehlt: „Gerechtigkeit, Gerechtigkeit sollt ihr streben" (Deuteronomium 16:20) und betont die Notwendigkeit einer fairen und gerechten Gesellschaft. Dazu gehört, sich für die Schwachen einzusetzen und eine Gleichbehandlung aller sicherzustellen.

- Frieden (Shalom): Die Förderung des Friedens und die Lösung von Konflikten sind wichtige Mizwot. Der Gruß „Shalom" selbst bedeutet Frieden und unterstreicht den Wert, der auf Harmonie und Wohlwollen gelegt wird.

Persönliche Spiritualität

Die Einhaltung der Mizwot stärkt die persönliche Spiritualität und fördert das Gefühl der Nähe zu Gott.

- Studium der Thora: Das regelmäßige Studium der Thora ist eine Mizwa, die das Verständnis der Gebote Gottes und der jüdischen Lehren vertieft. Es wird sowohl als intellektuelles als auch als spirituelles Streben angesehen.

- Gebet und Meditation: Regelmäßiges Gebet bietet Gelegenheit zum Nachdenken, zur Dankbarkeit und zum Flehen und fordert so eine persönliche Beziehung zu Gott.

Die Mizwot sind ein wesentlicher Bestandteil des jüdischen Lebens und bieten einen umfassenden Rahmen für religiöse Praxis, ethisches Verhalten und soziale Verantwortung. Sie bieten einen Weg, alltägliche Handlungen zu heiligen und ihnen eine spirituelle Bedeutung zu verleihen. Die Einhaltung der Mizwot ermöglicht es Juden, im Einklang mit Gottes Willen zu leben, und fördert ein Sinngefühl und eine Verbindung zum Göttlichen.

Gebet und Anbetung

<u>Struktur jüdischer Gebete</u>

Das Gebet ist eine zentrale Säule des jüdischen Religionslebens und bietet Einzelpersonen und Gemeinschaften die Möglichkeit, mit Gott zu kommunizieren, Dankbarkeit auszudrücken, Führung zu suchen und um Hilfe zu bitten. Die Struktur jüdischer Gebete ist sowohl formell als auch flexibel und ermöglicht ein reichhaltiges Spektrum an gemeinschaftlichem und persönlichem Ausdruck.

Jüdische Gebete werden normalerweise dreimal täglich gesprochen: **Schacharit** (Morgen), **Mincha** (Nachmittag) und **Maariv** (Abend). Diese täglichen Gebete werden durch zusätzliche Gebete am Sabbat und an jüdischen Feiertagen ergänzt. Der Kern jüdischer Gebetsgottesdienste ist der **Amida** (auch bekannt als Shemoneh Esrei), ein zentrales Gebet, das im Stehen rezitiert wird. Die Amida besteht aus einer Reihe von Segnungen, die je nach Tag und Anlass leicht variieren.

Hauptbestandteile jüdischer Gebete:

1. Shema und seine Segnungen: Das Shema, das während Shacharit und Maariv rezitiert wird, ist eine Erklärung des Glaubens an die Einheit Gottes. Es enthält drei Absätze aus der Thora, in denen die Liebe und Hingabe an Gott, die Annahme der Gebote Gottes und die Erinnerung an den Auszug aus Ägypten betont werden. Dem Schema gehen Segnungen voraus und nach, die Gott preisen und über Themen wie Schöpfung, Offenbarung und Erlösung nachdenken.

2. Amidah: Die Amidah besteht aus einer Reihe von Segnungen, traditionell achtzehn (in der Wochentagsversion jetzt neunzehn). Zu diesen Segnungen gehören Lobpreisungen Gottes, Bitten um persönliche und gemeinschaftliche Bedürfnisse sowie Ausdruck von Dankbarkeit. Am Sabbat und an Feiertagen konzentriert sich die Amida mehr auf die Themen Heiligung und Ruhe und lässt die Gebete an Wochentagen weg.

3. Kaddisch: Das Kaddisch ist ein Gebet, das den Namen Gottes verherrlicht und heiligt. Es wird an verschiedenen Stellen im Gebetsgottesdienst und von Trauernden rezitiert, um das Andenken des Verstorbenen zu ehren. Der Kaddisch dient als gemeinschaftliche Bestätigung des Glaubens und der Hoffnung auf Gottes ultimative Gerechtigkeit und Barmherzigkeit.

4. Aleinu: Das Aleinu-Gebet wird am Ende des täglichen Gottesdienstes gesprochen. Es bringt die einzigartige Mission des jüdischen Volkes zum Ausdruck, die Souveränität Gottes zu verkünden, und blickt auf eine zukünftige Zeit, in der die gesamte Menschheit den einen wahren Gott anerkennen und anbeten wird.

5. Psalmen und andere Lesungen: Psalmen und andere biblische Lesungen werden oft in den Gebetsgottesdienst einbezogen. Diese Lesungen bieten zusätzliche Gelegenheiten zum Nachdenken, Lob und Flehen.

<u>Bedeutung der Synagoge und des Sabbats</u>

Die Synagoge (Shul) und der Sabbat (Sabbat) sind zentrale Institutionen im jüdischen Gebet und Gottesdienst und spielen jeweils eine entscheidende Rolle bei der Förderung der Gemeinschaft und des spirituellen Wachstums.

Die Synagoge:

Die Synagoge dient als Mittelpunkt des jüdischen Gemeindelebens. Es ist ein Ort des Gebets, des Studiums und der Versammlung, an dem Juden zusammenkommen, um ihren religiösen Verpflichtungen nachzukommen und sich gegenseitig im Glauben zu unterstützen. Die Synagoge symbolisiert die Kontinuität der jüdischen Tradition und das gemeinsame Bekenntnis zu Gott.

1. Ort des Gebets: Die Synagoge bietet einen ausgewiesenen Raum für das gemeinsame Gebet, das einen wesentlichen Aspekt des jüdischen Gottesdienstes darstellt. Das gemeinsame Beten in einem Minjan (einem Kollegium aus zehn erwachsenen Juden) betont den gemeinschaftlichen Charakter des jüdischen Gebets und stärkt die Bindung zwischen Einzelpersonen und ihrer Gemeinschaft.

2. Tora-Lesung: Die Tora-Rolle wird in der Arche (Aron Kodesh) der Synagoge aufbewahrt und während der Gottesdienste montags, donnerstags, samstags und an jüdischen Feiertagen öffentlich gelesen. Die öffentliche Lesung der Thora ist ein zentrales Ritual, das die Gemeinschaft mit ihren heiligen Texten und der Bundesbeziehung mit Gott verbindet.

3. Studium und Bildung: Synagogen dienen oft als Zentren für jüdisches Lernen und bieten Kurse, Vorlesungen und Studiensitzungen an. Die Betonung des lebenslangen Lernens ist ein Markenzeichen des Judentums, und die Synagoge bietet ein unterstützendes Umfeld für die Bildungsentwicklung.

4. Gemeinschaft und Unterstützung: Synagogen fördern das Gemeinschaftsgefühl und die gegenseitige Unterstützung. Sie sind Orte, an denen Einzelpersonen Lebensereignisse wie Hochzeiten, Bar- und Bat-Mizwa sowie Geburten feiern und sich zur Trauer und zum Gedenken versammeln. Die Synagogengemeinschaft bietet ein Netzwerk sozialer, emotionaler und spiritueller Unterstützung.

Der Sabbat:

Der Sabbat ist ein wöchentlicher Tag der Ruhe und spirituellen Bereicherung, der von Freitagabend bis Samstagabend begangen wird. Der Schabbat gilt als Eckpfeiler des jüdischen Lebens und bietet regelmäßig Gelegenheit, von den Anforderungen des Alltags Abstand zu nehmen und sich auf spirituelle und familiäre Verbindungen zu konzentrieren.

1. Ruhe und Besinnung: Um den Schabbat zu begehen, gilt es, auf Arbeit und kreative Aktivitäten zu verzichten und Ruhe und Besinnung zu ermöglichen. Diese Wehenpause ist nicht nur eine körperliche Erholung, sondern auch eine Zeit, das geistige und emotionale Wohlbefinden zu erneuern.

2. Gebet und Feier: Die Schabbat-Gottesdienste in der Synagoge umfassen besondere Gebete und Thora-Lesungen. Diese Gottesdienste sind oft fröhlich und beinhalten Melodien und gemeinsamen Gesang. Von besonderer Bedeutung sind die Gottesdienste am Freitagabend und am Samstagmorgen, an denen viele Familien gemeinsam teilnehmen.

3. Kiddusch und Mahlzeiten: Der Schabbat wird mit dem Anzünden von Kerzen und der Rezitation des Kiddusch begrüßt, einem Segen über Wein, der den Tag heiligt. Festliche Mahlzeiten mit Familie und Freunden sind von zentraler Bedeutung für die Einhaltung des Schabbats. Diese Mahlzeiten bieten Gelegenheit zum Austausch, zum Geschichtenerzählen und zum Feiern der Gemeinsamkeit.

4. Familie und Gemeinschaft: Der Schabbat fördert die Einheit der Familie und den Zusammenhalt in der Gemeinschaft. Die am Schabbat beobachteten Rituale und Bräuche, wie das gemeinsame Essen und der Besuch der Synagoge, stärken die familiären Bindungen und stärken die gemeinschaftliche Identität.

5. Spirituelle Erneuerung: Der Schabbat bietet Zeit für spirituelle Erneuerung durch Gebet, Studium und Kontemplation. Es ist eine Gelegenheit, die Beziehung zu Gott zu vertiefen und über die Segnungen der Schöpfung und den Sinn des Lebens nachzudenken.

Durch die Einhaltung der Mizwot, die Teilnahme an strukturierten Gebeten und die Teilnahme am Leben in der Synagoge und am Sabbat erneuern Juden ständig ihre Verbindung zu Gott, der Gemeinschaft und der Tradition. Diese Praktiken bieten einen Rahmen für ein sinnvolles und spirituell bereichertes Leben, das tief in den Werten und Lehren des Judentums verwurzelt ist.

KAPITEL 5

Jüdische Feiertage und Feste

Willkommen zu Kapitel 5, in dem wir die reiche Vielfalt jüdischer Feiertage und Feste erkunden werden. Diese besonderen Tage sind nicht nur Zeiten des Feierns und Nachdenkens, sondern dienen auch dazu, die Verbindung zur jüdischen Geschichte, Tradition und Gemeinschaft zu vertiefen. Durch diese Bräuche bewahren Juden auf der ganzen Welt eine lebendige kulturelle und religiöse Identität und stärken die Werte und Geschichten, die ihren Glauben seit Jahrtausenden geprägt haben.

Wichtige Feiertage

Shabbat: Der wöchentliche Sabbat

Der Schabbat, der von Freitagabend bis Samstagabend begangen wird, ist der Eckpfeiler des jüdischen religiösen Lebens. Es ist ein wöchentlicher Tag der Ruhe, Besinnung und spirituellen Erneuerung und erinnert an den siebten Tag der Schöpfung, an dem Gott ruhte. Der Schabbat bietet eine Pause von der Hektik des

Alltags und die Möglichkeit, wieder Kontakt zu Familie, Gemeinschaft und Gott aufzunehmen.

<u>Einhaltung des Schabbats:</u>

- **Kerzenbeleuchtung:** Der Schabbat beginnt am Freitag mit dem Anzünden von Kerzen bei Sonnenuntergang. Dieses Ritual wird normalerweise von der Frau des Hauses durchgeführt, die beim Anzünden der Lichter einen Segen rezitiert und so die Heiligkeit des Tages einläutet.

- **Kiddusch:** Nach dem Anzünden der Kerze trifft sich die Familie zu einem festlichen Essen. Der Kiddusch, ein Segen über Wein, wird zur Heiligung des Schabbats rezitiert. Anschließend werden zwei Brote Challa gesegnet, was die doppelte Menge Manna symbolisiert, die den Israeliten in der Wüste zuteil wurde.

- **Mahlzeiten und Ruhe:** Schabbatmahlzeiten sind besondere Anlässe mit traditionellen Gerichten, die mit Familie und Freunden geteilt werden. Es ist eine Zeit der Entspannung, frei vom Druck der Arbeit und der Technologie. Viele Familien singen Zemirot (Sabbatlieder) und erzählen während des Essens Worte aus der Thora.

- **Gebet und Studium:** Der Besuch von Synagogengottesdiensten ist ein zentraler Aspekt der

Schabbatfeier. Der Gottesdienst am Samstagmorgen beinhaltet eine Tora-Lesung, bei der ein Teil der Thora vorgelesen wird. Der Schabbat ist auch eine Zeit zum Studium religiöser Texte und zur Teilnahme an spirituellen Diskussionen.

- **Hawdala:** Der Schabbat endet mit der Hawdala-Zeremonie am Samstagabend. Dieses Ritual beinhaltet Segnungen mit Wein, Gewürzen und einer geflochtenen Kerze und markiert den Übergang von der Heiligkeit des Schabbats zurück zur regulären Woche.

Der Schabbat ist ein Tag, der Ruhe und Freude, Spiritualität und Gemeinschaft in Einklang bringt und das jüdische Leben in einem Rhythmus wöchentlicher Erneuerung verankert.

Rosch Haschana und Jom Kippur: Die hohen Feiertage

Rosch Haschana und Jom Kippur, bekannt als die Hohen Feiertage, sind die feierlichsten und spirituell bedeutsamsten Tage im jüdischen Kalender. Sie finden im hebräischen Monat Tischri statt und umfassen Themen wie Besinnung, Reue und Erneuerung.

<u>Rosch Haschana:</u>

- **Neujahr Feierlichkeiten:** Rosch Haschana, was „Haupt des Jahres" bedeutet, ist das jüdische Neujahr. Es markiert den Beginn der zehntägigen Periode, die als Tage der Ehrfurcht bekannt ist und mit Jom Kippur ihren Höhepunkt findet. Es ist eine Zeit der Selbstbeobachtung und des Neuanfangs.

- **Schofar bläst**: Ein zentrales Ritual von Rosch Haschana ist das Blasen des Schofars, eines Widderhorns. Der Klang des Schofars dient als Aufruf zur Reue und zum Erwachen. Seine Explosionen erinnern eindringlich an die Notwendigkeit der Selbstprüfung und der Rückkehr zu Gott.

- **Symbolische Lebensmittel:** Besondere Speisen werden gegessen, um die Hoffnung auf ein süßes und erfolgreiches neues Jahr zu symbolisieren. In Honig getauchte Äpfel, runde Challah-Brote und Granatäpfel sind gängige Rosch-Haschana-Lebensmittel, jedes mit seiner eigenen symbolischen Bedeutung.

- **Gebete und Liturgie:** Zu den Synagogengottesdiensten während Rosch Haschana gehören besondere Gebete und Liturgie. Das Amida- und das Alenu-Gebet werden rezitiert, und das liturgische Gedicht Unetanneh Tokef betont die Themen göttliches Gericht und Barmherzigkeit.

<u>Jom Kippur:</u>

- **Tag der Versöhnung:** Jom Kippur, der Versöhnungstag, ist der heiligste Tag des jüdischen Jahres. Es ist ein feierlicher Tag, der dem Fasten, dem Gebet und der Buße gewidmet ist. Juden bitten Gott und andere um Vergebung für ihre Verfehlungen im vergangenen Jahr.

- **Fasten und Abstinenz:** Um Jom Kippur zu begehen, muss man 25 Stunden lang fasten, auf Essen und Trinken verzichten und auf andere körperliche Freuden verzichten. Das Fasten ist ein Mittel zur Reinigung und spirituellen Konzentration.

- **Intensives Gebet:** Der Tag wird in der Synagoge mit langen und intensiven Gebetsgottesdiensten verbracht. Die Liturgie umfasst das Vidui (Sündenbekenntnis) und den Neilah-Gottesdienst (Abschlussgottesdienst), der die letzte Gelegenheit darstellt, um Vergebung zu bitten, bevor sich die Tore des Himmels schließen.

- **Kol Nidre:** Der Jom-Kippur-Abendgottesdienst beginnt mit dem eindringlichen und wunderschönen Kol Nidre-Gebet, das persönliche Gelübde an Gott im vergangenen Jahr annulliert. Dies gibt den Ton für die Feierlichkeit und Ernsthaftigkeit des Tages vor.

Zusammen bieten Rosch Haschana und Jom Kippur eine strukturierte Zeit der Besinnung, Selbstverbesserung und Erneuerung und fördern ein tieferes Gefühl der Verbundenheit mit Gott und der Gemeinschaft.

Pessach: Gedenken an den Exodus

Pessach (Pessach) ist einer der am meisten gefeierten jüdischen Feiertage und erinnert an die Befreiung der Israeliten aus der ägyptischen Sklaverei, wie im Buch Exodus beschrieben. Es ist eine Zeit, sich an das Leid der Knechtschaft und die Freude der Freiheit zu erinnern und über Themen wie Erlösung und Glauben nachzudenken.

Feier des Pessachfestes:

- **Seder:** Das Herzstück des Pessachfestes ist der Seder, ein festliches Mahl, das an den ersten beiden Abenden des Feiertags stattfindet. Der Seder folgt einer bestimmten Reihenfolge mit Ritualen, Lesungen und Liedern, die die Geschichte des Exodus erzählen. Die Haggada, ein spezieller Text, der während des Seder verwendet wird, leitet die Teilnehmer durch den Abend.

- **Matze:** Während des Pessach-Festes essen Juden Mazza, ungesäuertes Brot, zum Gedenken an die Eile, mit der die Israeliten Ägypten verließen und ihrem Brot keine Zeit zum Aufgehen ließen. Auf Sauerteigprodukte (Chametz) wird während der Pessachwoche verzichtet.

- **Vier Tassen Wein:** Während des Seder werden vier Kelche Wein getrunken, die die vier in der Thora erwähnten Erlösungsbekundungen symbolisieren. Jeder Kelch markiert einen anderen Teil des Seder, vom Kiddusch (Heiligung) bis zum Hallel (Lobpreis).

- **Maror und Charoset:** Bittere Kräuter (Maror) werden gegessen, um die Bitterkeit der Sklaverei zu symbolisieren, während Charoset, eine süße Mischung aus Früchten und Nüssen, den Mörser darstellt, den die Israeliten bei ihrer Zwangsarbeit verwendeten. Diese Lebensmittel erinnern an die beiden Aspekte der Pessach-Geschichte – Leiden und Befreiung.

- **Rezitation der Haggada:** Die Haggada umfasst die Nacherzählung der Exodus-Geschichte, die Rezitation der Zehn Plagen und das Singen traditioneller Lieder wie „Dayenu". Der Seder betont, wie wichtig es ist, insbesondere den jüngsten Teilnehmern Fragen zu stellen, um sicherzustellen, dass die Geschichte über Generationen hinweg weitergegeben wird.

Pessach ist eine kraftvolle Erinnerung an die Werte Freiheit, Gerechtigkeit und Glauben. Es ermutigt Juden, sich nicht nur an ihre eigene Befreiung zu erinnern, sondern auch Mitgefühl für alle Unterdrückten zu entwickeln und sich für eine Welt einzusetzen, in der jeder Freiheit erfahren kann.

Andere Feste

Über die großen Feiertage Schabbat, Rosch Haschana, Jom Kippur und Pessach hinaus wird der jüdische Kalender durch eine Vielzahl weiterer Feste bereichert, jedes mit seiner einzigartigen historischen und religiösen Bedeutung sowie charakteristischen Traditionen und Bräuchen. Diese Feste bieten zusätzliche Möglichkeiten zum Nachdenken, Feiern und zum Aufbau von Gemeinschaften.

Socken

Sukkot, auch Laubhüttenfest oder Laubhüttenfest genannt, beginnt fünf Tage nach Jom Kippur und dauert sieben Tage. Es erinnert an die 40-jährige Wanderung der Israeliten durch die Wüste nach dem Auszug aus Ägypten, während der sie in Notunterkünften lebten.

Historische und religiöse Bedeutung:
- Sukkot ist sowohl ein historisches als auch ein landwirtschaftliches Fest. Historisch gesehen erinnert es an die vorübergehenden Behausungen der Israeliten in der Wildnis und symbolisiert das Vertrauen auf Gottes Schutz und Versorgung. Landwirtschaftlich markiert es das Ende der Erntesaison in Israel.

Traditionen und Bräuche:
- **Bau der Laubhütte:** Juden bauen eine Laubhütte, eine provisorische Hütte, in der sie während des Festes essen und manchmal schlafen. Die Laubhütte besteht typischerweise aus drei Wänden und einem Dach, das mit natürlichen Materialien wie Zweigen oder Palmblättern bedeckt ist, sodass der Himmel durch sie hindurch sichtbar ist.

- **Lulav und Etrog:** Während Sukkot führen Juden das Ritual durch, bei dem sie die vier Arten – Lulav (Palmenzweig), Hadass (Myrte), Aravah (Weide) und Etrog (Zitrone) – in sechs Richtungen (Norden, Süden, Osten, Westen, oben usw.) schwenken runter). Dies symbolisiert Gottes Gegenwart überall und würdigt die Großzügigkeit der Erde.

- **Freude und Gastfreundschaft:** Sukkot ist eine Zeit der Freude und Gastfreundschaft. Viele laden Freunde und Familie zum gemeinsamen Essen in der Laubhütte ein, und in Synagogen finden oft festliche Zusammenkünfte statt. Der Feiertag endet mit Hoshana Rabbah, zu dem besondere Gebete für Regen und eine gute Ernte gehören.

Chanukka

Chanukka, das Lichterfest, ist ein achttägiges Winterfest zum Gedenken an die Wiedereinweihung des Zweiten Tempels in Jerusalem nach dem Aufstand der Makkabäer gegen das Seleukidenreich.

Historische und religiöse Bedeutung:

Chanukka feiert den Sieg der Makkabäer über die seleukidischen Streitkräfte und das Wunder, dass die Menora des Tempels acht Tage lang mit der Ölmenge eines einzigen Tages brannte. Es ist ein

Symbol jüdischer Widerstandsfähigkeit und göttlichen Eingreifens.

<u>Traditionen und Bräuche:</u>
- **Anzünden der Menora:** In jeder Chanukka-Nacht zünden Juden eine zusätzliche Kerze auf der Menora (auch Chanukka genannt) an, bis alle acht Kerzen angezündet sind. Die zentrale Kerze, die Shamash, dient zum Anzünden der anderen.
- **Dreidel spielen:** Bei einem beliebten Chanukka-Spiel dreht sich ein Dreidel, ein vierseitiger Kreisel mit hebräischen Buchstaben auf jeder Seite. Die Buchstaben stehen für „Nes Gadol Haya Sham" („Dort geschah ein großes Wunder").
- **Frittierte Lebensmittel essen:** In Öl frittierte Speisen wie Latkes (Kartoffelpuffer) und Sufganiyot (Gelee-Donuts) sind zu Chanukka traditionell und symbolisieren das Wunder des Öls.
- **Gifts and Gelt:** Der Austausch von Geschenken und das Schenken von Gelt (Schokoladenmünzen) sind vor allem bei Kindern gängige Praktiken.

Purim
Purim ist ein fröhliches Frühlingsfest, das die Befreiung des jüdischen Volkes im alten Persien von

Hamans Vernichtungsplan feiert, wie im Buch Esther beschrieben.

<u>Historische und religiöse Bedeutung:</u>
- Purim erinnert an den Mut von Königin Esther und ihrem Cousin Mordechai, die Hamans Pläne zur Vernichtung der Juden vereitelten. Es beleuchtet Themen wie Mut, Glauben und göttliche Vorsehung.

<u>Traditionen und Bräuche:</u>
- **Lesung der Megilla:** Die Geschichte von Esther wird in Synagogen aus einer Schriftrolle namens Megilla vorgelesen. Immer wenn Hamans Name erwähnt wird, setzt die Gemeinde Krachmacher (Gragger) ein, um ihn zu übertönen.
- **Kostüme und Feste:** An Purim ist es üblich, Kostüme und Masken zu tragen, die die verborgenen Wunder und Identitäten in der Geschichte von Esther symbolisieren. Viele Gemeinden veranstalten Paraden, Theaterstücke und Karnevale.
- **Mischloach Manot:** Juden verschicken Speisen und Getränke an Freunde und Familienangehörige und fördern so das Gemeinschaftsgefühl und die Großzügigkeit.
- **Matanot La'evyonim:** Den Armen etwas zu geben ist eine wichtige Mizwa an Purim, um

sicherzustellen, dass jeder an den festlichen Mahlzeiten und Feiern teilnehmen kann.

Andere Feste

<u>Schawuot:</u>

- Schawuot, oder das Wochenfest, findet sieben Wochen nach Pessach statt und erinnert an die Übergabe der Thora am Berg Sinai. Es wird auch mit der Ernte der ersten Früchte im alten Israel in Verbindung gebracht.
- Zu den Traditionen gehören das nächtliche Studium der Thora (Tikkun Leil Shavuot), das Lesen des Buches Ruth und der Verzehr von Milchprodukten.

<u>Tu B'Shevat:</u>

- Tu B'Shevat, das Neujahr der Bäume, wird am 15. Tag des hebräischen Monats Shevat gefeiert. Es markiert den Beginn des landwirtschaftlichen Zyklus für Obstbäume in Israel.
- Zu den Bräuchen gehören das Pflanzen von Bäumen, das Essen von Früchten (insbesondere die in Israel angebauten) und das Abhalten eines Tu B'Shevat Seder, ähnlich dem Pessach-Seder.

Tisha B'By:

- Tischa B'Av, der Neunte Av, ist ein feierlicher Fasten- und Trauertag zum Gedenken an die Zerstörung des Ersten und Zweiten Tempels in Jerusalem sowie an andere Tragödien in der jüdischen Geschichte.
- Das Buch der Klagelieder wird gelesen und Juden verzichten auf bestimmte Aktivitäten, die mit Freude verbunden sind.

Simchat Tora:

- Simchat Tora markiert den Abschluss und den Neustart des jährlichen Thora-Lesezyklus. Es folgt Sukkot und ist eine Zeit großer Freude und Feierlichkeiten.
- Zu den Traditionen gehört das Tanzen mit Thorarollen (Hakafot) und das Abschließen des letzten Teils des Deuteronomiums, bevor die Genesis erneut begonnen wird.

Historische und religiöse Bedeutung

Jedes jüdische Fest hat eine tiefe historische und religiöse Bedeutung, dient als Erinnerung an entscheidende Ereignisse in der jüdischen

Geschichte und stärkt theologische Schlüsselkonzepte. Diese Feiertage erinnern an Momente göttlichen Eingreifens, Befreiung und Bundesbeziehungen zwischen Gott und dem jüdischen Volk. Sie unterstreichen auch die zyklische Natur der Zeit im Judentum, wobei jedes Fest eine Gelegenheit zum Nachdenken, zur Erneuerung und zum Feiern bietet.

Traditionen und Bräuche

Die vielfältigen Traditionen und Bräuche, die mit jüdischen Feiertagen verbunden sind, bereichern das gemeinschaftliche und spirituelle Leben der Juden. Diese Praktiken verbinden den Einzelnen mit seinem Erbe und schaffen ein Gefühl der Kontinuität

Generationen und fördern gemeinschaftliche Bindungen. Vom Anzünden von Kerzen und dem Lesen heiliger Texte bis hin zum Teilen festlicher Mahlzeiten und der Durchführung wohltätiger Taten sind diese Bräuche Ausdruck des Glaubens, der Identität und der gemeinschaftlichen Solidarität.

Durch die Einhaltung jüdischer Feiertage und Feste pflegen Juden eine dynamische und lebendige

Verbindung zu ihrer Geschichte, Kultur und ihren religiösen Werten. Bei diesen Feierlichkeiten handelt es sich nicht nur um Gedenkfeiern vergangener Ereignisse, sondern um lebenswichtige Praktiken, die den jüdischen Glauben und die jüdische Gemeinschaft in der Gegenwart und in der Zukunft stärken.

Damit endet Kapitel 5, eine Reise durch die reiche und vielfältige Landschaft jüdischer Feiertage und Feste. Jede Feier, ob wöchentlich, saisonal oder jährlich, spielt eine entscheidende Rolle bei der Gestaltung der jüdischen Identität und des Gemeinschaftslebens und bietet ein Geflecht von Praktiken, die Vergangenheit und Gegenwart, Tradition und Moderne, Individuum und Gemeinschaft verbinden.

KAPITEL 6

Jüdische Lebenszyklusereignisse

Willkommen zu Kapitel 6, in dem wir die bedeutenden Lebenszyklusereignisse untersuchen, die die Phasen der Reise eines jüdischen Menschen von der Geburt bis zum Erwachsenenalter kennzeichnen. Diese Ereignisse sind von tiefgreifender religiöser, kultureller und gemeinschaftlicher Bedeutung und verleihen dem individuellen und gemeinschaftlichen Erlebnis Struktur und Bedeutung. Sie werden mit besonderen Ritualen, Gebeten und Traditionen gefeiert, die Juden mit ihrem Erbe und Glauben verbinden.

Geburt und Kindheit

Brit Milah (Beschneidung) und Simchat Bat (Taufzeremonie)

Die Geburt eines neuen Babys ist in der jüdischen Gemeinde ein Moment großer Freude und Feier, der durch besondere Zeremonien gekennzeichnet ist, die das Kind im Bund und in der Gemeinschaft willkommen heißen.

Brit Milah (Beschneidung)
Für jüdische Jungen ist die Brit Milah (oder Bris) eines der ersten und bedeutendsten Ereignisse im Lebenszyklus. Dieses alte Ritual, das in der Thora vorgeschrieben ist, bedeutet den Eintritt des Jungen in den Bund, den Gott mit Abraham geschlossen hat.

- Zeitpunkt und Zeremonie: Die Brit Milah wird am achten Tag nach der Geburt durchgeführt, auch wenn sie auf einen Sabbat oder einen Feiertag fällt, sofern keine gesundheitlichen Bedenken bestehen. Die Zeremonie findet normalerweise zu Hause oder in einer Synagoge statt und beinhaltet die Beschneidung durch einen Mohel (einen ausgebildeten Praktiker). Das Ritual umfasst Gebete und Segnungen, die Namensgebung des Kindes und ein festliches Essen (Seudat Mizwa).
- Spirituelle Bedeutung: Die Brit Milah symbolisiert die Einbindung des Kindes in das jüdische Volk und den Bund mit Gott. Es stellt eine körperliche und geistige Bindung dar, die den Jungen mit seinen Vorfahren und der jüdischen Geschichte und Tradition verbindet. Der Akt der Beschneidung ist

eine Mizwa (Gebot), die den Gehorsam gegenüber Gottes Willen und die Bedeutung der Fortführung der jüdischen Abstammungslinie betont.

<u>Simchat-Fledermaus (Taufzeremonie)</u>
Für jüdische Mädchen ist die Begrüßungszeremonie als Simchat Bat (Freude einer Tochter) oder Brit Bat (Bund einer Tochter) bekannt. Während die genauen Praktiken stark variieren können, umfasst die Zeremonie typischerweise Elemente, die der Brit Milah ähneln und die Geburt und Namensgebung des Kindes feiern.

- Zeitpunkt und Zeremonie: Die Simchat-Fledermaus kann jederzeit nach der Geburt stattfinden, oft bereits in den ersten Wochen. Die Zeremonie kann zu Hause, in einer Synagoge oder im Rahmen eines regulären Gottesdienstes stattfinden. Dazu gehören Segnungen, das Rezitieren von Gebeten und die formelle Bekanntgabe des hebräischen Namens des Babys. Familie und Freunde kommen zusammen, um bei Essen und festlichen Liedern zu feiern.
- Spirituelle Bedeutung: Die Simchat-Fledermaus heißt das Mädchen in der jüdischen Gemeinde willkommen und bestätigt ihren Platz im Bund. Die

Vergabe eines hebräischen Namens verbindet sie mit der jüdischen Geschichte und Identität. Die Zeremonie beinhaltet oft Reflexionen über die Bedeutung und Werte, die mit ihrem Namen verbunden sind, sowie über Hoffnungen und Segen für ihre Zukunft.

Bildung und Bar/Bat Mizwa

Bildung nimmt im jüdischen Leben einen zentralen Platz ein, wobei der Schwerpunkt auf dem Studium der Thora und der Entwicklung eines ethischen und moralischen Charakters liegt. Jüdische Bildung beginnt in der frühen Kindheit und setzt sich ein Leben lang fort und spiegelt den Wert wider, der Lernen und Wissen beigemessen wird.

Frühkindliche Erziehung

- Cheder- und Hebräischschule: Schon in jungen Jahren besuchen jüdische Kinder oft die Cheder- (traditionelle jüdische Grundschule) oder Hebräischschule, wo sie Hebräisch, jüdische Geschichte und religiöse Praktiken lernen. Diese Schulen vermitteln grundlegende Kenntnisse über jüdische Traditionen und Texte und fördern die Verbindung zu ihrem Erbe und ihrer Gemeinschaft.

- Einbeziehung der Familie: Die jüdische Bildung ist auch tief in der Familie verankert. Eltern und Großeltern spielen eine entscheidende Rolle dabei, Kindern Gebete, Traditionen und ethische Werte beizubringen. Das gemeinsame Feiern von Schabbat, Feiertagen und Lebenszyklusereignissen stärkt die im formalen Bildungsumfeld gewonnenen Erkenntnisse.

Bar Mizwa und Bat Mizwa

Die Bar-Mizwa-Zeremonien (für Jungen) und Bat-Mizwa-Zeremonien (für Mädchen) sind entscheidende Momente im Leben jüdischer Kinder und markieren ihren Übergang ins religiöse Erwachsensein. Diese Zeremonien finden im Alter von 13 Jahren für Jungen und im Alter von 12 oder 13 Jahren für Mädchen statt, je nach den Gepflogenheiten der Gemeinschaft.

- Vorbereitung: Die Vorbereitung auf die Bar- oder Bat-Mizwa beginnt oft Jahre im Voraus und umfasst ein intensives Studium des Hebräischen, der Thora sowie jüdischer Gesetze und Ethik. Viele Kinder arbeiten mit einem Nachhilfelehrer zusammen oder nehmen am Unterricht teil, um den Thora-Teil (Parascha) zu lernen, den sie während der

Zeremonie singen werden. Sie studieren auch die Haftara (eine Auswahl aus den Propheten) und andere liturgische Texte.

- Zeremonie: Die Bar- oder Bat-Mizwa-Zeremonie findet normalerweise während eines Schabbat-Gottesdienstes in der Synagoge statt. Das Kind wird zur Tora gerufen, um die Segnungen zu rezitieren und einen Teil der Thora und der Haftara zu lesen. Dieses Gesetz bedeutet ihren neuen Status als verantwortungsbewusstes Mitglied der jüdischen Gemeinschaft, das in der Lage ist, an religiösen Verpflichtungen teilzunehmen.

- Bedeutung: Die Bar/Bat Mitzvah markiert das Erwachsenwerden des Kindes, wenn es für seine eigenen Handlungen und Gebote (Mizwot) verantwortlich wird. Es ist eine Feier ihrer Leistungen und eine öffentliche Bestätigung ihres Engagements für jüdisches Leben und jüdische Werte. Auf die Zeremonie folgt oft ein festliches Essen und Feiern mit Familie, Freunden und Gemeindemitgliedern.

- Mizwa-Projekt: Viele Kinder führen im Rahmen ihrer Bar-/Bat-Mizwa-Vorbereitung ein Mizwa-Projekt durch. Bei diesem Projekt handelt es sich um ehrenamtliche Arbeit oder eine Wohltätigkeitsinitiative, die die Bedeutung sozialer

Verantwortung und den Wert eines Beitrags zur Gemeinschaft unterstreicht.

<u>Fortlaufende Ausbildung</u>
- Jüdische Oberschulen und Jugendgruppen: Nach der Bar/Bat Mizwa wird die jüdische Bildung häufig durch jüdische Oberschulen, Jugendgruppen und Sommerlager fortgesetzt. Diese Erfahrungen bieten Möglichkeiten für weitere Studien, die Entwicklung von Führungskräften und die Stärkung der jüdischen Identität.
- Erwachsenenbildung: Jüdisches Lernen ist eine lebenslange Aufgabe. Viele Synagogen und Gemeindezentren bieten Kurse und Lerngruppen für Erwachsene an, die Themen wie Thorastudium, jüdische Philosophie, hebräische Sprache und zeitgenössische Themen aus jüdischer Perspektive behandeln.

Diese Lebenszyklusereignisse – Brit Milah, Simchat Bat, Bar/Bat Mizwa – sind mehr als bloße Übergangsriten. Sie sind tiefgreifende Ausdrucksformen von Glauben, Identität und Gemeinschaft. Sie verbinden Einzelpersonen mit ihrem Erbe, vermitteln Verantwortungs- und Zielbewusstsein und fördern eine tiefe und dauerhafte Verbindung zur jüdischen Tradition und zu jüdischen Werten. Durch diese Zeremonien und das kontinuierliche Streben nach Bildung bekräftigen Juden ihr Bekenntnis zu ihrem Glauben und stellen die Weitergabe ihres reichen kulturellen und religiösen Erbes an zukünftige Generationen sicher.

Hochzeit

Die Ehe ist ein bedeutender Meilenstein im jüdischen Leben und verkörpert sowohl eine persönliche Verpflichtung als auch eine gemeinschaftliche Feier. Jüdische Hochzeiten sind reich an Tradition, Symbolik und Freude und spiegeln die Heiligkeit der ehelichen Verbindung und ihre Bedeutung in der jüdischen Kultur wider.

Die jüdische Hochzeitszeremonie
Die jüdische Hochzeitszeremonie, oder **Chuppa**ist ein tiefgreifendes und freudiges Ereignis voller Rituale, die die Heiligkeit und Einheit der Ehe unterstreichen. Die Zeremonie findet traditionell unter einem Baldachin statt, der das Haus symbolisiert, das das Paar gemeinsam bauen wird.

1. Vorbereitung und Segen

- Kabbalat Panim: Vor der Zeremonie werden Braut (Kallah) und Bräutigam (Chatan) oft getrennt von Gästen begrüßt. Dieser Zeitraum umfasst Segenswünsche und Glückwünsche.

- Badeken: Der Bräutigam verhüllt die Braut in einem kurzen, bewegenden Ritual, das die biblische Geschichte von Rebecca widerspiegelt und sein Engagement für ihre innere Schönheit und ihren Charakter zum Ausdruck bringt.

2. Die Chuppa:

- Die Hochzeitszeremonie findet unter der Chuppa statt, einem nach allen Seiten offenen Baldachin. Die Chuppa stellt das zukünftige Zuhause des Paares dar, offen für Familie und Freunde.

- Kreisen: Die Braut darf den Bräutigam sieben Mal umkreisen, was die Gründung eines neuen Haushalts und die sieben Tage der Schöpfung symbolisiert. Dieser Brauch variiert je nach Gemeinde.

3. Segen und Ringe:

- Kidduschin: Der Verlobungsteil der Zeremonie beginnt mit der Rezitation zweier Segenswünsche bei Wein. Dann steckt der Bräutigam einen Ring an den Finger der Braut und erklärt: „Siehe, du bist mir mit diesem Ring geweiht, gemäß dem Gesetz Moses und Israels."

- Ketuba: Der Ehevertrag, bekannt als Ketuba, wird laut vorgelesen. In diesem Dokument werden die Pflichten des Bräutigams gegenüber der Braut dargelegt, einschließlich Bestimmungen zu ihrem Wohlergehen und Schutz.

4. Nisuin:

- Der zweite Teil der Zeremonie beinhaltet die Rezitation der Sheva Brachot (sieben Segenssprüche), die Gott preisen und Hoffnungen für die Zukunft des Paares zum Ausdruck bringen.

- Das Glas zerbrechen: Der Bräutigam zerbricht am Ende der Zeremonie ein Glas unter seinen Füßen, ein Moment voller vielfältiger Interpretationen. Es kann die Zerstörung des Tempels in Jerusalem symbolisieren und die Anwesenden an Freude und Leid in der jüdischen Geschichte oder an die Zerbrechlichkeit menschlicher Beziehungen erinnern und die Notwendigkeit von Fürsorge und Engagement unterstreichen.

5. Feier:

- Auf die Zeremonie folgt ein festliches Essen (Seudat Mizwa) und Tanz. Die fröhliche Atmosphäre spiegelt die Unterstützung der Gemeinschaft für das Paar und die Feier der Liebe und Einheit wider.

<u>Ketuba (Ehevertrag) und Chuppa (Hochzeitsbaldachin)</u>

1. Ketuba:

- Die Ketuba ist ein rechtsverbindliches Dokument, das die Pflichten des Bräutigams gegenüber seiner Braut festlegt. Es enthält Bestimmungen zu ihrem Unterhalt und Einzelheiten zu den finanziellen Regelungen für den Fall, dass die Ehe mit einer Scheidung oder einem Todesfall endet. Die Ketuba ist ein wesentlicher Bestandteil der jüdischen Hochzeit. Sie unterstreicht das Engagement des Bräutigams und gewährleistet die Rechte und den Schutz der Braut.

2. Chuppa:

- Die Chuppa, unter der die Hochzeitszeremonie stattfindet, symbolisiert das neue Zuhause, das das Paar gemeinsam errichten wird. Seine offenen

Seiten symbolisieren Gastfreundschaft und den einladenden Charakter eines jüdischen Haushalts. Die Einfachheit der Chuppa, die oft aus einem Tuch oder Tallit besteht, der von vier Stangen getragen wird, unterstreicht die Bedeutung des Zuhauses als Ort der Heiligkeit und Liebe.

Tod und Trauer

Jüdische Traditionen rund um Tod und Trauer bieten Struktur und Halt in Zeiten des Verlusts. Diese Bräuche betonen den Respekt vor dem Verstorbenen und spenden den Hinterbliebenen durch gemeinschaftliche und rituelle Praktiken Trost.

Jüdische Bestattungsbräuche

Jüdische Bestattungsbräuche sollen den Verstorbenen ehren und den Trauernden Trost spenden. Die Rituale unterstreichen den Glauben an die Heiligkeit des Lebens und den Respekt, der den Verstorbenen gebührt.

1. Vorbereitung und Beerdigung:

  - Tahara: Der Körper wird rituell von einer Chevra Kadisha (heiligen Gesellschaft) gewaschen und gereinigt, ein Prozess, der als Tahara bekannt ist. Der Körper wird dann in einfache weiße

Leichentücher (Tachrichim) gekleidet, um die Gleichheit im Tod zu betonen.

- Einfacher Sarg: Das jüdische Gesetz schreibt die Verwendung eines einfachen Holzsargs vor, um sicherzustellen, dass alle Menschen unabhängig von Reichtum oder Status in Würde begraben werden.

- Schnelle Bestattung: Die Beerdigung erfolgt in der Regel so bald wie möglich, oft innerhalb von 24 Stunden nach dem Tod, gemäß jüdischem Recht. Diese Praxis spiegelt den Respekt vor dem Verstorbenen und den Wunsch wider, unangemessene Verzögerungen zu vermeiden.

2. Trauerfeier:

- Die Trauerfeier umfasst das Rezitieren von Psalmen, Gebeten und Lobreden (hesped), die das Leben und die Tugenden des Verstorbenen würdigen. Das zentrale Gebet, El Maleh Rachamim, bittet Gott, dem Verstorbenen ewigen Frieden zu schenken.

- Kaddisch: Der Kaddisch des Trauernden, ein Gebet zur Lobpreisung Gottes, wird von den Trauernden rezitiert. Es ist eine kraftvolle Bestätigung des Glaubens und der Kontinuität trotz des Verlusts.

3. Bestattung:

- An der Grabstelle werden zusätzliche Gebete gesprochen und der Sarg in die Erde versenkt. Es ist Brauch, dass Trauernde Erde auf den Sarg legen und so an der Mizwa der Beerdigung teilnehmen. Dieser Akt symbolisiert die Rückkehr des Körpers zur Erde und den gemeinschaftlichen Charakter der Trauer.

<u>Der Prozess der Trauer: Shiva und Yahrzeit</u>
Der jüdische Trauerprozess ist in verschiedene Phasen unterteilt, von denen jede ihre eigenen Bräuche und Praktiken hat, die den Trauernden helfen sollen, ihre Trauer zu bewältigen.

1. Shiva:

- Shiva bedeutet „sieben" und bezieht sich auf die ersten sieben Tage der Trauer nach der Beerdigung. Während Shiva bleiben Trauernde zu Hause, empfangen Besucher und konzentrieren sich auf das Gedenken an den Verstorbenen.

- Sitzender Shiva: Trauernde sitzen auf niedrigen Hockern oder auf dem Boden und symbolisieren so ihren gesenkten Zustand. Sie verzichten auf alltägliche Aktivitäten, einschließlich Arbeit und Unterhaltung, um sich voll und ganz auf ihre Trauer einzulassen.

- Community-Unterstützung: Freunde und Community-Mitglieder besuchen die Trauernden und sprechen ihnen ihr Beileid und ihre Unterstützung aus. Sie bringen Essen, leiten Gebetsgottesdienste und sorgen für Gesellschaft. Diese Zeit intensiver Trauer unterstreicht die gemeinschaftliche Solidarität und die Bedeutung der Unterstützung der Trauernden.

2. Shloshim:

- Shloshim, was „dreißig" bedeutet, verlängert die Trauerzeit auf dreißig Tage nach der Beerdigung. Während Trauernde beginnen, sich wieder in den Alltag zu integrieren, beachten sie dennoch bestimmte Einschränkungen, wie zum Beispiel den Verzicht auf Feiern und das Hören von Musik.

- Fortgesetztes Gedenken: Während Shloshim rezitieren Trauernde weiterhin das Kaddisch und können regelmäßig Gottesdienste in der Synagoge besuchen. Dieser Zeitraum ermöglicht eine schrittweise Rückkehr zur Normalität, wobei der Fokus weiterhin auf der Erinnerung liegt.

3. Yahrzeit:

- Die Yahrzeit ist der jährliche Jahrestag des Todes eines geliebten Menschen, der nach dem hebräischen Kalender begangen wird. An diesem Tag zünden Trauernde eine Gedenkkerze an, die 24 Stunden lang brennt, und beten in der Synagoge das Kaddisch.

- Gedenkpraktiken: Der Besuch des Grabes, Spenden zum Gedenken an den Verstorbenen und das Studium der Thora sind gängige Praktiken des Jahres. Diese Gedenkakte würdigen das Erbe des Verstorbenen und bekräftigen die Kontinuität des Lebens und der Tradition.

4. Yizkor:

- Yizkor, was „erinnern" bedeutet, ist ein Gedenkgottesdienst, der an wichtigen jüdischen Feiertagen wie Jom Kippur, Pessach, Schawuot und Sukkot vorgetragen wird. Während des Yizkor werden besondere Gebete zum Gedenken an verstorbene Angehörige gesprochen, die einen gemeinschaftlichen Rahmen für die persönliche Erinnerung bieten.

Der jüdische Umgang mit Tod und Trauer ist zutiefst mitfühlend, erkennt die tiefgreifenden Auswirkungen von Verlusten an und bietet einen strukturierten Weg zur Heilung. Die Rituale spenden Trost, ehren den Verstorbenen und stärken die Bande der Gemeinschaft und des Glaubens. Sie sorgen dafür, dass das Andenken an den Verstorbenen bewahrt bleibt und die Trauernden in ihrer Trauer begleitet werden.

Die Ereignisse im jüdischen Lebenszyklus – von Geburt und Kindheit über Heirat, Tod und Trauer – bilden einen Teppich aus Ritualen und Traditionen, die die jüdische Identität und Gemeinschaft bereichern. Diese Zeremonien und Praktiken bieten Struktur, Bedeutung und Unterstützung in jeder Lebensphase und spiegeln die Grundwerte Glaube, Kontinuität und gemeinschaftliche Verantwortung wider. Durch diese Veranstaltungen bekräftigen Juden ihre Verbindung zu ihrem Erbe, ihrer Gemeinschaft und ihrem Glauben und stellen sicher, dass diese Bindungen über Generationen hinweg bestehen bleiben.

KAPITEL 7

Die Vielfalt jüdischer Erfahrungen

Willkommen zu Kapitel 7, in dem wir das reiche Spektrum des jüdischen Lebens in verschiedenen Bewegungen und kulturellen Traditionen erkunden. Das Judentum ist alles andere als monolithisch; Es handelt sich um einen vielfältigen und dynamischen Glauben, der ein breites Spektrum an Überzeugungen, Praktiken und kulturellen Ausdrucksformen widerspiegelt. Das Verständnis dieser Vielfalt ist der Schlüssel zur Wertschätzung der gesamten Breite und Tiefe der jüdischen Erfahrung.

Verschiedene jüdische Bewegungen

Die Geschichte jüdischer religiöser Bewegungen ist eine Geschichte der Anpassung, Interpretation und Entwicklung. Im Laufe der Jahrhunderte haben Juden auf sich verändernde historische, soziale und intellektuelle Kontexte reagiert, was zur

Entwicklung unterschiedlicher Bewegungen innerhalb des Judentums geführt hat.

Orthodoxes Judentum

Das orthodoxe Judentum ist bestrebt, das traditionelle jüdische Recht und die traditionelle jüdische Praxis aufrechtzuerhalten und sich eng an die Thora und den Talmud zu halten. Sie betrachtet die Halacha (jüdisches Gesetz) als göttlich und unveränderlich und leitet alle Aspekte des Lebens. Innerhalb des orthodoxen Judentums gibt es Variationen, darunter das moderne orthodoxe Judentum, das sich mit der heutigen Gesellschaft auseinandersetzt und dabei traditionelle Gesetze beachtet, und Haredi (ultraorthodox), das die strikte Einhaltung und Trennung von der säkularen Kultur betont.

Stellen Sie sich vor, Sie betreten an einem Schabbatmorgen eine belebte Synagoge. Die Männer sind in Tallit (Gebetstücher) gehüllt und die Frauen sitzen in einem separaten Bereich, oft mit Kindern an ihrer Seite. Die Atmosphäre ist geprägt von Ehrfurcht und gemeinschaftlicher Beteiligung, wobei die Gebete auf Hebräisch gesungen werden und einer seit Jahrhunderten unveränderten Struktur folgen. Die Thora wird mit großer Sorgfalt gelesen und jede Geste und jeder Satz ist von Tradition durchdrungen.

Konservatives Judentum

Das konservative Judentum, auch Masorti-Judentum genannt, entstand im 19. Jahrhundert als Mittelweg zwischen dem strengen Traditionalismus der Orthodoxie und den reformistischen Tendenzen der frühen Reformbewegung. Es ist bestrebt, Tradition und Moderne in Einklang zu bringen, die Treue zum jüdischen Gesetz zu wahren und gleichzeitig dessen Weiterentwicklung und Anpassung zu ermöglichen.

Stellen Sie sich eine konservative Synagoge vor, in der der Gottesdienst sowohl auf Hebräisch als auch in der Landessprache abgehalten wird. Männer und Frauen dürfen zusammensitzen und Frauen beteiligen sich häufig aktiv am Gottesdienst. Die Gebete und Rituale behalten ihre traditionelle Form bei, es besteht jedoch Offenheit für Veränderungen, die zeitgenössische Werte wie Egalitarismus und Inklusivität widerspiegeln. Auf die Thora-Lesung folgt eine Predigt, die alte Lehren mit den Herausforderungen des modernen Lebens verbindet und so eine Brücke zwischen Vergangenheit und Gegenwart schlägt.

<u>Reformjudentum</u>

Das Reformjudentum oder progressive Judentum zeichnet sich durch seine Akzeptanz der Moderne und seine Betonung der individuellen Autonomie bei der Auslegung jüdischer Gesetze und Traditionen aus. Es entstand im Deutschland des 19. Jahrhunderts als Reaktion auf die Aufklärung und die veränderten sozialen Bedingungen der Juden in Europa.

In einer Reformsynagoge finden Sie möglicherweise einen Gottesdienst, der hebräische Gebete mit inspirierenden Lesungen in der Landessprache verbindet. Die Atmosphäre ist inklusiv und egalitär, Männer und Frauen nehmen gleichermaßen teil. Die Predigt des Rabbiners könnte sich auf soziale Gerechtigkeit konzentrieren und ein zentrales Reformprinzip widerspiegeln, dass das Judentum relevant sein und auf die ethischen Erfordernisse der Gegenwart reagieren muss. Das Reformjudentum integriert oft Musikinstrumente in den Gottesdienst und schafft so ein lebendiges und ansprechendes Erlebnis.

Rekonstruktivistisches Judentum

Das rekonstruktivistische Judentum, das im 20. Jahrhundert von Rabbi Mordecai Kaplan gegründet wurde, betrachtet das Judentum als eine sich entwickelnde religiöse Zivilisation. Es betont die Rolle der Gemeinschaft bei der Gestaltung des jüdischen Lebens und der jüdischen Praxis sowie der Förderung von Inklusivität und Innovation.

In einer rekonstruktivistischen Gemeinschaft sind die Dienste von Kreativität und partizipatorischer Demokratie geprägt. Gebete könnten neue liturgische Kompositionen beinhalten, die zeitgenössische spirituelle und ethische Anliegen widerspiegeln. Die Gemeinschaft diskutiert und entscheidet aktiv über Praktiken, von der Einhaltung von Speisegesetzen bis hin zur Einführung neuer Rituale. Diese Bewegung feiert die jüdische Kultur, Geschichte und Spiritualität als dynamisch und sich ständig weiterentwickelnd.

Die Unterschiede zwischen diesen Bewegungen verdeutlichen die Anpassungsfähigkeit des Judentums und seine Fähigkeit, den unterschiedlichen Bedürfnissen seiner Anhänger gerecht zu werden. Sie teilen zwar den Kernglauben an Gott, die Thora und das jüdische Volk, ihre Herangehensweisen an jüdische Gesetze, Rituale und ihren Umgang mit der Moderne sind jedoch sehr unterschiedlich und bereichern das Gesamtbild des jüdischen Lebens.

Kulturelle Vielfalt

Über religiöse Bewegungen hinaus ist das jüdische Leben auch von einer tiefgreifenden kulturellen Vielfalt geprägt. Juden haben in praktisch allen Teilen der Welt gelebt und einzigartige Bräuche, Sprachen und Traditionen entwickelt, die ihre vielfältige Geschichte und Umgebung widerspiegeln.

Aschkenasische Juden

Aschkenasische Juden führen ihre Herkunft auf Mittel- und Osteuropa zurück. Ihre Bräuche, liturgischen Traditionen und Sprachen wie Jiddisch haben das jüdische Leben weltweit tiefgreifend beeinflusst. Stellen Sie sich einen aschkenasischen Haushalt vor, der sich mit dem Duft von Challa-Backwaren und dem Klang jiddischer Lieder auf den Schabbat vorbereitet. Traditionelle Gerichte wie Gefilte-Fisch und Matzenbällchensuppe zieren den Tisch, und die Familie erzählt Geschichten über das Schtetl-Leben und die Widerstandsfähigkeit durch Jahrhunderte der Migration und Herausforderungen.

Sephardische Juden

Sephardische Juden stammen ursprünglich von der Iberischen Halbinsel, insbesondere aus Spanien und Portugal, und ließen sich nach den Vertreibungen im 15. Jahrhundert später in Nordafrika, im Nahen Osten und in anderen Teilen des Mittelmeerraums nieder. Die sephardische Kultur zeichnet sich durch ihre reichen liturgischen Melodien, die jüdisch-spanische Sprache (Ladino) und ihre unverwechselbaren kulinarischen Traditionen aus. Stellen Sie sich eine sephardische Familie vor, die einen Feiertag mit Gerichten wie Pasta und Lamm feiert, begleitet von den gefühlvollen Klängen ladinischer Musik und der Nacherzählung ihrer geschichtsträchtigen Reise vom mittelalterlichen Spanien in neue Länder.

Mizrahi-Juden

Mizrahi-Juden, manchmal auch als orientalische Juden bezeichnet, stammen aus dem Nahen Osten und Nordafrika. Ihre Traditionen und Bräuche sind vom jahrhundertelangen Leben in überwiegend muslimischen Kulturen beeinflusst. Stellen Sie sich eine Mizrahi-Gemeinde vor, die sich zu einem festlichen Essen mit aromatischen Gewürzen und Aromen trifft, von Couscous mit Kreuzkümmelduft bis hin zu mit Rosenwasser angereicherten Desserts. Ihre Liturgie beinhaltet alte Gesänge und ihre Feiern sind voller Musik und Tanz, die ihre historischen Wurzeln in Orten wie dem Irak, Jemen und Persien widerspiegeln.

Andere jüdische Gemeinden

Zur jüdischen Diaspora gehören auch kleinere, einzigartige Gemeinschaften wie die äthiopischen Juden (Beta-Israel), die indischen Juden (Bene-Israel- und Cochin-Juden) und die Juden des Kaukasus (Bergjuden). Jede dieser Gruppen bringt ihre eigenen Traditionen, Sprachen und Erfahrungen mit und trägt so zum reichen Mosaik des globalen jüdischen Lebens bei.

Stellen Sie sich zum Beispiel vor, dass die Beta-Israel-Gemeinschaft den Sigd-Feiertag feiert, ein einzigartiges Fest, das ihre Sehnsucht nach Zion zum Ausdruck bringt, mit Gebeten und Fasten, die in freudigen Festmahlen gipfeln. Oder denken Sie an die Bene Israel in Indien, die lokale Bräuche mit jüdischen Ritualen verbinden und den Schabbat mit traditionellen indischen Speisen und unverwechselbaren Melodien feiern.

Einzigartige Bräuchc, Sprachen und Traditionen

Die Vielfalt jüdischer Bräuche, Sprachen und Traditionen unterstreicht die Anpassungsfähigkeit und Widerstandsfähigkeit des jüdischen Volkes. Die Praktiken jeder Gemeinschaft spiegeln ihre historischen Reisen und Interaktionen mit den umliegenden Kulturen wider, dennoch behalten sie alle eine Verbindung zu gemeinsamen jüdischen Werten und Erbe bei.

<u>Bräuche und Traditionen</u>
Von aschkenasischen Juden, die an Rosch Haschana Äpfel in Honig tunken, bis hin zu Mizrahi-Juden, die für die Hawdala mehrere Dochte anzünden, bereichern diese Bräuche die jüdische Erfahrung mit vielfältigen Ausdrucksformen von Glauben und Identität. Jede Tradition, sei es ein bestimmtes Feiertagsessen, ein einzigartiges Hochzeitsritual oder eine besondere Art, den Schabbat zu begehen,

erzählt eine Geschichte der Geschichte und Werte
einer Gemeinschaft.

Sprachen

Sprachen wie Jiddisch, Ladino, Jüdisch-Arabisch
und andere dienen als kulturelle Prüfsteine und
bewahren die literarischen und mündlichen
Überlieferungen jüdischer Gemeinden. Diese
Sprachen tragen die Nuancen des jüdischen
Denkens, Humors und Alltagslebens über
Jahrhunderte hinweg in sich.

Traditionen

Die Traditionen jeder jüdischen Gemeinde – vom
Geschichtenerzählen der Sephardim bis zu den
besonderen liturgischen Gesängen der Mizrahim –
tragen zum globalen Geflecht des Judentums bei.
Sie unterstreichen die Kreativität und
Anpassungsfähigkeit des jüdischen Geistes und
zeigen, wie Juden ihre Identität und ihren Glauben
bewahrt und gleichzeitig Elemente aus den
verschiedenen Kulturen um sie herum angenommen
und integriert haben.

Modernes jüdisches Leben

In der heutigen Welt entwickelt sich das jüdische Leben ständig weiter, reagiert auf neue Herausforderungen und Chancen und bleibt gleichzeitig in alten Traditionen verwurzelt. Das moderne jüdische Leben umfasst ein breites Spektrum an Erfahrungen und spiegelt die vielfältigen Kontexte wider, in denen Juden heute leben. In diesem Abschnitt werden einige der wichtigsten Probleme und Herausforderungen untersucht, mit denen jüdische Gemeinden konfrontiert sind, sowie die zentrale Rolle Israels und des Zionismus bei der Gestaltung jüdischer Identität und Politik.

Zeitgenössische Probleme und Herausforderungen
Moderne jüdische Gemeinden sind mit einer Vielzahl von Problemen konfrontiert, die ihre religiöse, kulturelle und soziale Landschaft prägen. Diese Herausforderungen werden durch umfassendere gesellschaftliche Veränderungen beeinflusst, einschließlich demografischer, politischer und technologischer Veränderungen.

Identität und Kontinuität

- Mischehen und Assimilation: In vielen Teilen der Welt sind die Mischehenraten unter Juden gestiegen, was zu Bedenken hinsichtlich der Assimilation und der Kontinuität der jüdischen Identität führt. Während Mischehen unterschiedliche Perspektiven in jüdische Familien einbringen können, werfen sie auch Fragen zur Weitergabe jüdischer Traditionen und Werte an zukünftige Generationen auf.
- Säkularisierung: Wie viele religiöse Gruppen stehen auch jüdische Gemeinden vor der Herausforderung der Säkularisierung. Viele Juden identifizieren sich eher kulturell oder ethnisch als religiös, was zu Diskussionen darüber führt, was es bedeutet, in einem säkularen Kontext jüdisch zu sein und wie man diejenigen einbinden kann, die sich von traditionellen religiösen Praktiken abgekoppelt fühlen.

Antisemitismus und Sicherheit

- Zunehmender Antisemitismus: In den letzten Jahren kam es weltweit zu einem alarmierenden Anstieg antisemitischer Vorfälle, darunter Vandalismus, Hassreden und gewalttätige Angriffe. Dieses Wiederaufleben stellt eine erhebliche Bedrohung für jüdische Gemeinden dar und erfordert entschlossene Reaktionen, um Sicherheit und Schutz zu gewährleisten.

- Holocaust-Gedenken: Da die Zahl der Holocaust-Überlebenden abnimmt, wird die Herausforderung, ihre Zeugnisse zu bewahren und neue Generationen über den Holocaust aufzuklären, immer dringlicher. Bemühungen zur Bekämpfung der Leugnung und Verzerrung des Holocaust sind von entscheidender Bedeutung für die Wahrung des historischen Gedächtnisses und die Verhinderung künftiger Gräueltaten.

Soziale Gerechtigkeit und Aktivismus

- Bewegungen für soziale Gerechtigkeit: Viele Juden beteiligen sich aktiv an Bewegungen für soziale Gerechtigkeit und stützen sich dabei auf jüdische ethische Lehren, um sich für Menschenrechte, ökologische Nachhaltigkeit und soziale Gerechtigkeit einzusetzen. Diese Bemühungen spiegeln oft das Bekenntnis zu Tikkun Olam (Reparatur der Welt) wider, einem zentralen jüdischen Wert.

- Inklusivität und Vielfalt: Innerhalb jüdischer Gemeinden wird immer mehr Wert auf Inklusivität und Vielfalt gelegt. Bewegungen, die sich für die Inklusion von LGBTQ+-Personen, farbigen Juden und Menschen mit Behinderungen einsetzen, unterstreichen das sich entwickelnde Verständnis von Gemeinschaft und Zugehörigkeit im Judentum.

Die Rolle Israels und des Zionismus

Israel nimmt im modernen jüdischen Leben eine zentrale Stellung ein, sowohl als souveräner Staat als auch als Mittelpunkt jüdischer Identität und Spiritualität. Der Zionismus, die Bewegung zur Wiederherstellung und Unterstützung eines jüdischen Staates im historischen Land Israel, hat seit dem späten 19. Jahrhundert das jüdische Denken und die jüdische Politik tiefgreifend beeinflusst.

Historischer Kontext und zionistische Ideale

- Ursprünge des Zionismus: Der Zionismus entstand als Reaktion auf jahrhundertelange Verfolgung und den Wunsch nach einer nationalen Heimat, in der Juden Selbstbestimmung ausüben und frei von antisemitischer Unterdrückung leben konnten. Schlüsselfiguren wie Theodor Herzl stellten sich einen jüdischen Staat vor, der als Zufluchtsort und Zentrum der jüdischen kulturellen und spirituellen Wiederbelebung dienen sollte.
- Gründung Israels: Die Gründung des Staates Israel im Jahr 1948 markierte einen entscheidenden

Moment in der jüdischen Geschichte. Es erfüllte den zionistischen Traum und schuf ein politisches und kulturelles Zentrum für Juden weltweit. Die Unabhängigkeitserklärung brachte die Vision eines demokratischen Staates zum Ausdruck, der in jüdischen Werten verwurzelt ist und sich der Gleichheit und dem Frieden verpflichtet fühlt.

<u>Zeitgenössisches Israel</u>
- Kulturelles und religiöses Zentrum: Israel ist heute eine lebendige, vielfältige Gesellschaft, in der Juden unterschiedlichster Herkunft sowie bedeutende arabische und andere Minderheiten leben. Es dient als Zentrum für jüdische Religionswissenschaft, kulturelle Innovation und technologischen Fortschritt. Die Vielfalt der Stimmen und Traditionen innerhalb Israels spiegelt die globale Vielfalt des jüdischen Volkes wider.
- Politische Herausforderungen: Israel steht vor zahlreichen politischen Herausforderungen, darunter anhaltende Konflikte mit palästinensischen Gemeinden und komplexe Beziehungen zu Nachbarländern. Diese Themen lösen innerhalb Israels und unter Juden weltweit eine intensive Debatte aus, die Fragen der Sicherheit, der Ethik und der Friedensaussichten berührt.

- Diaspora-Beziehungen: Die Beziehung zwischen Israel und der jüdischen Diaspora ist dynamisch und vielschichtig. Während sich viele Juden tief mit Israel verbunden fühlen, gibt es unterschiedliche Perspektiven auf die Politik und Politik Israels. Bemühungen zur Stärkung dieser Beziehung konzentrieren sich häufig auf die Förderung des gegenseitigen Verständnisses und der Zusammenarbeit.

<u>Zionismus und Identität</u>
- Die Entwicklung des Zionismus: Der Zionismus entwickelt sich weiter und umfasst eine Reihe von Ideologien von säkular bis religiös und von progressiv bis konservativ. Sie bleibt eine starke Kraft bei der Gestaltung der jüdischen Identität und kommunalen Prioritäten und beeinflusst die Art und Weise, wie Juden sowohl zu ihrem Erbe als auch zu zeitgenössischen Themen stehen.
- Kritik und Überarbeitungen: Einige Juden kritisieren Aspekte des Zionismus und plädieren für einen umfassenderen und gerechteren Ansatz in Bezug auf Staatlichkeit und Souveränität. Im Mittelpunkt dieser Kritik stehen oft die Rechte der Palästinenser und die Vision eines friedlichen Zusammenlebens.

Die Vielfalt jüdischer Erfahrungen ist groß und vielfältig und umfasst ein breites Spektrum religiöser Bewegungen, kultureller Traditionen und zeitgenössischer Herausforderungen. Von den traditionellen Praktiken des orthodoxen Judentums bis hin zu den fortschrittlichen Idealen reformierter und rekonstruktivistischer Gemeinschaften wird das jüdische Leben durch seine Vielfalt bereichert. Die einzigartigen Bräuche und Geschichten der Aschkenasen, Sepharden, Mizrahi und anderer jüdischer Gemeinden verdeutlichen den Reichtum des jüdischen Wandteppichs.

Das moderne jüdische Leben befasst sich mit komplexen Fragen der Identität, des Antisemitismus und der sozialen Gerechtigkeit und spiegelt das anhaltende Engagement der Gemeinschaft für ihre Werte und ihr Erbe wider. Die Rolle Israels und die Entwicklung des Zionismus bleiben für das jüdische Denken und die jüdische Politik von zentraler Bedeutung und bieten sowohl eine Quelle der Einheit als auch Gegenstand lebhafter Debatten.

KAPITEL 8

Jüdische Ethik und Werte

Stellen Sie sich vor, Sie wachen an einem klaren, klaren Morgen in einem lebhaften jüdischen Viertel auf. Die Straßen sind erfüllt vom Kinderlachen, dem Summen von Gesprächen und dem Duft von frischem Challah-Brot, das aus einer örtlichen Bäckerei weht. Überall, wo man hinschaut, gibt es Anzeichen einer Gemeinschaft, die sich intensiv dafür einsetzt, die Welt zu einem besseren Ort zu machen. Dies ist der Geist von Tikkun Olam, einem Eckpfeiler jüdischer Ethik und Werte.

Tikkun Olam (Reparatur der Welt)

Tikkun Olam, was wörtlich „die Welt reparieren" bedeutet, ist ein tiefgreifendes und altes Konzept, das das jüdische Leben durchdringt. Es verkörpert die Überzeugung, dass jeder Einzelne dazu beitragen kann, die Welt zu einem besseren und gerechteren Ort zu machen. Dieses Prinzip ist nicht nur eine abstrakte Idee, sondern ein Aufruf zum Handeln, der das alltägliche Verhalten und die Entscheidungsfindung leitet.

Während Sie durch die Nachbarschaft schlendern, bemerken Sie eine Gruppe von Freiwilligen, die sich in einem Gemeindezentrum versammelt haben. Sie organisieren eine Lebensmittelaktion, um bedürftige Familien vor Ort zu unterstützen. Die Leiterin der Gruppe, Sarah, erklärt, dass ihre Bemühungen vom Prinzip von Tikkun Olam geleitet werden. „Es geht um mehr als nur Essen zu geben", sagt sie. „Es geht darum, denen, die es am meisten brauchen, Würde und Hoffnung zurückzugeben."

Sarahs Engagement spiegelt sich in den Taten unzähliger anderer wider, die Tikkun Olam als Leitprinzip betrachten. Dieses Engagement für soziale Gerechtigkeit hat tiefe Wurzeln in der jüdischen Tradition. Die Thora und der Talmud sind voll von Lehren, die betonen, wie wichtig es ist, den weniger Glücklichen zu helfen, nach Gerechtigkeit zu streben und mit Mitgefühl zu handeln. Bei diesen Texten handelt es sich nicht nur um historische Dokumente, sondern um lebendige Leitfäden, die moderne Juden zu Taten der Güte und Gerechtigkeit inspirieren.

Wenn Sie weitergehen, treffen Sie auf eine Gruppe Teenager, die einen örtlichen Park aufräumen. Sie sind Teil einer jüdischen Jugendgruppe, die sich auf den Umweltschutz konzentriert. Einer der Teenager, David, erklärt, dass sie ihre Arbeit als Teil von Tikkun Olam sehen. „Sich um die Erde zu kümmern ist eine Möglichkeit, Gottes Schöpfung zu ehren", sagt er. „Es liegt in unserer Verantwortung, die Welt besser zu verlassen, als wir sie vorgefunden haben."

Davids Worte spiegeln einen breiteren Trend in jüdischen Gemeinden auf der ganzen Welt wider. Umweltaktivismus, Engagement für soziale Gerechtigkeit und gemeinnützige Arbeit werden alle als Ausdruck von Tikkun Olam angesehen. Jüdische Organisationen stehen oft an vorderster Front, wenn es darum geht, Themen wie Klimawandel, Armut und Menschenrechte anzugehen. Diese Bemühungen basieren auf der tiefen Überzeugung, dass Glaube und Handeln untrennbar miteinander verbunden sind.

Die Geschichte von Rachel, einer jüdischen Sozialarbeiterin, verdeutlicht diesen Zusammenhang zusätzlich. Rachel verbringt ihre Tage damit, mit Flüchtlingen zu arbeiten und ihnen bei der Bewältigung der Herausforderungen der Umsiedlung zu helfen. Ihre Arbeit ist anspruchsvoll, aber sie findet Kraft in den Lehren ihres Glaubens. „Jeder Mensch hat einen Funken des Göttlichen", erklärt sie. „Tikkun Olam bedeutet, diesen Funken zu erkennen und alles zu tun, um ihn zum Leuchten zu bringen."

Rachels Ansatz wurzelt in den jüdischen Lehren über die Heiligkeit des menschlichen Lebens und die Notwendigkeit, nach Gerechtigkeit zu streben. Diese Werte sind im Konzept von Tikkun Olam zusammengefasst, das den Einzelnen dazu aufruft, die Welt auf jede erdenkliche Weise zu reparieren. Dies kann bedeuten, direkte Hilfe zu leisten, sich für systemische Veränderungen einzusetzen oder einfach andere mit Freundlichkeit und Respekt zu behandeln.

Die Idee von Tikkun Olam geht über einzelne Aktionen hinaus und umfasst umfassendere gesellschaftliche Veränderungen. Jüdische Führer und Denker betonen seit langem, wie wichtig es ist, gerechte und gerechte Gesellschaften zu schaffen. Dies zeigt sich in der Arbeit von Persönlichkeiten wie Rabbi Abraham Joshua Heschel, der während der Bürgerrechtsbewegung mit Martin Luther King Jr. marschierte. Heschel betrachtete seinen Aktivismus als Ausdruck seines jüdischen Glaubens und sagte bekanntlich: „Als ich in Selma marschierte, beteten meine Füße.“

Heschels Erbe lebt in den unzähligen Juden weiter, die weiterhin für Gerechtigkeit und Gleichheit kämpfen. Von der Unterstützung der LGBTQ+-Rechte bis hin zum Eintreten für wirtschaftliche Gerechtigkeit engagieren sich jüdische Gemeinden intensiv in den Bemühungen, eine gerechtere Welt zu schaffen. Diese Handlungen werden nicht nur als soziale oder politische Bemühungen angesehen, sondern als heilige Pflichten, die auf den Prinzipien von Tikkun Olam basieren.

Am Ende Ihres Spaziergangs durch das Viertel verspüren Sie einen tiefen Respekt vor der Art und Weise, wie jüdische Ethik und Werte im Alltag gelebt werden. Das Prinzip von Tikkun Olam erinnert eindringlich daran, dass jeder seine Rolle bei der Reparatur der Welt spielen muss. Es ist ein Aufruf zum Handeln, der über Zeit und Ort hinausgeht und Generationen von Juden zu Taten der Freundlichkeit, Gerechtigkeit und Mitgefühl inspiriert.

Auf diese Weise bieten jüdische Ethik und Werte einen stabilen Rahmen für ein sinnvolles und wirkungsvolles Leben. Sie erinnern uns daran, dass unser Handeln wichtig ist und dass wir alle die Macht haben, etwas zu bewirken.

Ethische Lehren

Jüdische ethische Grundsätze sind die Grundlage eines Lebens, das der Rechtschaffenheit und Gerechtigkeit verpflichtet ist. Diese Prinzipien stammen aus heiligen Texten und wurden von Generationen jüdischer Philosophen und Theologen interpretiert und erweitert. Stellen Sie sich eine Gruppe von Menschen vor, die im Kreis sitzen und in ein Gespräch über die ethischen

Lehren der Tora und des Talmud vertieft sind, deren Gesichter vom Licht des Wissens und der Neugier erleuchtet sind.

Eines der zentralen Prinzipien im jüdischen Denken ist das Konzept der Gerechtigkeit bzw. Gerechtigkeit **Tzedek**. Dieses Prinzip betont die Bedeutung von Fairness und Gerechtigkeit in allen Aspekten des Lebens. Es erfordert einen ehrlichen Umgang im Geschäftsleben, eine faire Behandlung der Arbeitnehmer und ein unerschütterliches Engagement für die Rechte und die Würde jedes Einzelnen. Während die Gruppe über Tzedek spricht, erzählen sie Geschichten darüber, wie dieser Grundsatz ihr Handeln geleitet hat, von der Gewährleistung fairer Löhne in ihren Unternehmen bis hin zum Eintreten für soziale Gerechtigkeit in ihren Gemeinden.

Ein weiteres wichtiges Prinzip ist **Chesed,** oder liebevolle Güte. Dieser Wert fördert Mitgefühl und Großzügigkeit und betont die Bedeutung der Fürsorge für andere. Stellen Sie sich eine Frau namens Miriam vor, die von ihren Erfahrungen als Freiwillige in einem örtlichen Tierheim erzählt und den Bedürftigen Mahlzeiten und Gesellschaft leistet. Ihre Handlungen spiegeln die Essenz von Chesed wider, da sie den Verletzlichen und Ausgegrenzten Freundlichkeit und Unterstützung entgegenbringt.

Auch jüdische ethische Lehren unterstreichen die Bedeutung von **Gibt ab**, oder Wahrheit. Dieser Grundsatz erfordert Ehrlichkeit und Integrität in allen Interaktionen. David, ein junger Berufstätiger, erzählt, wie er bei der Arbeit mit einem moralischen Dilemma konfrontiert war und unter Druck gesetzt wurde, Berichte zu fälschen. Geleitet von den Grundsätzen von Emet entschied er sich, die Wahrheit aufrechtzuerhalten, auch auf die Gefahr hin, seinen Job zu verlieren. Seine Geschichte findet in der Gruppe Anklang und unterstreicht den Wert der Ehrlichkeit bei der Wahrung des eigenen moralischen Kompasses.

Die Lehren einflussreicher jüdischer Philosophen und Theologen bereichern diese ethischen Prinzipien zusätzlich. Maimonides bietet beispielsweise tiefgreifende Einblicke in die Natur ethischen Verhaltens. Er lehrt, dass ein tugendhaftes Leben das Streben nach Ausgeglichenheit und Mäßigung, die Vermeidung von Extremen und die Kultivierung moralischer Tugenden beinhaltet. Stellen Sie sich die Gruppe vor, die über Maimonides' „Goldene Mitte" nachdenkt und darüber diskutiert, wie sie diese Philosophie auf ihr eigenes Leben anwenden kann.

Ein anderer einflussreicher Denker, Martin Buber, führt das Konzept der „Ich-Du"-Beziehungen ein und betont die Bedeutung echter, einfühlsamer Verbindungen zwischen Individuen. Seine Ideen inspirieren die Gruppe dazu, darüber nachzudenken, wie sie tiefere, bedeutungsvollere Beziehungen in ihrem Privat- und Berufsleben fördern und jeden Menschen als einzigartiges und wertvolles Individuum behandeln können.

Ein moralisches Leben führen

Die Anwendung jüdischer Ethik im Alltag erfordert die Umsetzung dieser Prinzipien in konkrete Handlungen. Dieser Prozess ist nicht immer einfach, aber es ist eine Reise des kontinuierlichen Lernens und Wachstums. Stellen Sie sich eine geschäftige Küche vor, in der eine Familie gemeinsam eine Mahlzeit zubereitet. Beim Kochen besprechen sie, wie sie ethische Grundsätze in ihren Alltag integrieren können.

Der Vater Jacob erklärt, wie er dafür sorgt, dass seine Geschäftspraktiken fair und gerecht sind. Er behandelt seine Mitarbeiter mit Respekt, sorgt für faire Löhne und schafft ein unterstützendes Arbeitsumfeld. Sein Engagement für Tzedek am Arbeitsplatz dient als Vorbild für seine Kinder, die durch sein Handeln die Bedeutung von Gerechtigkeit und Integrität lernen.

Die Mutter Rachel erzählt, wie sie Chesed verkörpert, indem sie ehrenamtlich bei einer örtlichen

Lebensmittelbank arbeitet. Sie verbringt ihre Wochenenden damit, Lebensmittel an Bedürftige zu verteilen und ihren Kindern den Wert von Freundlichkeit und Großzügigkeit beizubringen. Ihr Handeln zeigt, dass ein moralisches Leben bedeutet, über sich selbst hinauszuschauen und aktiv daran zu arbeiten, das Leben anderer zu verbessern.

Die Balance zwischen Tradition und Moderne ist ein weiterer wichtiger Aspekt eines moralischen Lebens. Die jüdische Ethik bietet einen zeitlosen Rahmen, muss aber an die aktuellen Herausforderungen angepasst werden. Während sich die Familie am Esstisch versammelt, besprechen sie, wie sie mit diesem Gleichgewicht umgehen können.

Sie überlegen beispielsweise, wie alte Prinzipien ihren Einsatz von Technologie leiten können. Sie sprechen über die Bedeutung von Emet im Zeitalter der digitalen Kommunikation und betonen die Notwendigkeit von Ehrlichkeit und Integrität im Internet. Sie denken auch darüber nach, wie Tzedek ihre Konsumgewohnheiten beeinflussen kann, indem sie Produkte auswählen, die ethisch einwandfrei und ökologisch nachhaltig sind.

Die Kinder Sarah und Ben erzählen von ihren Erfahrungen in der Schule, wo sie auf verschiedene ethische Dilemmata stoßen. Sarah spricht über den

Kampf gegen Mobbing, inspiriert vom Prinzip der Gerechtigkeit. Ben erzählt, wie er einem neuen Schüler geholfen hat, sich willkommen zu fühlen, und wie er den Wert von Chesed verkörperte. Ihre Geschichten veranschaulichen, wie jüdische Ethik in alltäglichen Situationen angewendet werden kann, um Handlungen zu leiten und ein Gefühl moralischer Verantwortung zu fördern.

Jüdische Ethik und Werte bieten einen reichhaltigen und fundierten Leitfaden für ein moralisches Leben. Sie fordern Gerechtigkeit, Freundlichkeit und Wahrheit in allen Aspekten des Lebens, von persönlichen Interaktionen bis hin zu gesellschaftlicher Verantwortung. Durch die Annahme dieser Prinzipien und deren Anpassung an die aktuellen Herausforderungen können Einzelpersonen ein Leben voller Integrität und Mitgefühl führen. Diese Reise durch die jüdische Ethik ist ein kontinuierlicher Prozess des Lernens, Nachdenkens und Handelns, der Einzelpersonen dazu inspiriert, die Welt zu reparieren und eine gerechtere und mitfühlendere Gesellschaft zu schaffen.

KAPITEL 9

Jüdische Spiritualität und Mystik

Stellen Sie sich vor, Sie betreten eine alte Bibliothek voller riesiger Regale voller staubiger Bücher, von denen jedes einzelne Geheimnisse für das Universum verspricht. Sie nehmen ein Buch aus dem Regal, dessen Einband durch Alter und Gebrauch abgenutzt ist, und beginnen, über jüdische Spiritualität und Mystik zu lesen. Dieses Kapitel taucht wie das Buch in Ihren Händen in die tiefe und oft rätselhafte Welt der Kabbala ein, einem Eckpfeiler des jüdischen mystischen Denkens, das versucht, die verborgenen Aspekte des Göttlichen und des Universums aufzudecken.

Jüdische Spiritualität und Mystik sind reiche und tiefgreifende Bereiche, die die Natur Gottes, der Seele und des Universums erforschen. Sie bieten Wege zum Erleben und Verstehen des Göttlichen über die Grenzen der gewöhnlichen Wahrnehmung hinaus. Während Sie lesen, beginnen Sie zu verstehen, dass die Kabbala nicht nur eine Reihe von Lehren ist, sondern eine transformative Reise, die den Suchenden zu einer tieferen Beziehung mit dem Göttlichen einlädt.

Einführung in die Kabbala

Kabbala, was auf Hebräisch „Empfangen" bedeutet, bezieht sich auf eine Reihe esoterischer Lehren, die über Generationen hinweg weitergegeben wurden. Diese Lehren sollen die Geheimnisse der Thora und des Universums entschlüsseln. Stellen Sie sich vor, Sie schließen sich einer Gruppe engagierter Schüler an, die an einem Tisch sitzen und deren Gesichter von Kerzenlicht beleuchtet werden, während ein weiser Lehrer beginnt, die Geheimnisse der Kabbala zu enthüllen.

Ihr Lehrer erklärt, dass die Kabbala versucht, die Natur Gottes, die Erschaffung der Welt und die Rolle des Menschen darin zu verstehen. Diese mystische Tradition entstand im mittelalterlichen Spanien und in der Provence und erreichte ihren Höhepunkt mit der Veröffentlichung des Sohar, eines grundlegenden Textes, der dem Weisen Rabbi Shimon bar Yochai aus dem 2. Jahrhundert zugeschrieben, aber im 13. Jahrhundert vom spanischen Mystiker Moses de Leon zusammengestellt wurde.

Kabbala ist nicht nur eine intellektuelle Beschäftigung, sondern eine spirituelle Praxis. Dazu gehören meditative Techniken, mystische Interpretationen der Heiligen

Schrift und ethisches Verhalten, das darauf abzielt, sich mit dem Göttlichen in Einklang zu bringen.

Überblick über die jüdische Mystik

Die jüdische Mystik, wie sie von der Kabbala beleuchtet wird, offenbart ein vielschichtiges Verständnis des Göttlichen. Im Mittelpunkt steht das Konzept von Ein Sof, was übersetzt „ohne Ende" bedeutet. Ein Sof repräsentiert den unendlichen, unerkennbaren Aspekt Gottes, der jenseits aller menschlichen Vorstellungskraft liegt. Stellen Sie sich vor, Sie stünden am Ufer eines riesigen Ozeans, dessen Tiefen unergründlich und dessen Horizonte grenzenlos sind. Dies ist das Gefühl der Ehrfurcht und des Geheimnisses, das Ein Sof hervorruft.

Ein Sof ist die Quelle aller Schöpfung, und aus dieser unendlichen Quelle gehen die Sefirot hervor, die zehn Attribute oder Emanationen, durch die Gott mit der Welt interagiert. Diese Sefirot werden im mystischen Symbol „Baum des Lebens" dargestellt, das als Karte der göttlichen Eigenschaften und ihrer Beziehung zum Kosmos und zur menschlichen Seele dient.

Schlüsselkonzepte: Ein Sof, Sefirot und der Baum des Lebens

Der Baum des Lebens, oder Etz Chaim, ist ein zentrales Symbol in der Kabbala und repräsentiert die Vernetzung aller Aspekte der Existenz. Stellen Sie sich diesen Baum als Diagramm mit zehn Knoten (den Sefirot) vor, die durch 22 Pfade verbunden sind. Jede Sefirah (Singular von Sefirot) entspricht einem anderen Aspekt der Natur Gottes und spielt eine spezifische Rolle im Prozess der Schöpfung und spirituellen Entwicklung.

Ihr Lehrer zeigt auf die Spitze des Baumes und erklärt, dass die höchste Sefira Keter ist, die Krone, die das reine, unmanifestierte Potenzial von Ein Sof darstellt. Unterhalb von Keter liegt Chochmah, Weisheit, und Binah, Verständnis. Diese drei bilden die höchste Triade und gelten als die intellektuellen Aspekte des Göttlichen.

Wenn Sie den Baum hinuntergehen, treffen Sie auf die Sefirot von Chesed (liebende Güte) und Gevurah (Urteil), die sich gegenseitig ausgleichen. Chesed repräsentiert Gottes grenzenlose Großzügigkeit, während Gevurah göttliche Gerechtigkeit und Disziplin verkörpert. Die harmonische Mischung dieser Kräfte führt zu Tiferet, Schönheit, die das Herz und die Harmonie der göttlichen Eigenschaften symbolisiert.

Weiter unten finden Sie Netzach (Ewigkeit) und Hod (Herrlichkeit), die die aktiven und passiven Kräfte in der Welt darstellen. Jessod (Grundlage) kanalisiert diese Energien in die letzte Sefira, Malchut (Königreich), die der materiellen Welt und der Manifestation der Gegenwart Gottes im physischen Bereich entspricht.

Wenn Sie tiefer in diese Konzepte eintauchen, beginnen Sie, die tiefgreifenden Auswirkungen des Baumes des Lebens zu erkennen. Es ist nicht nur eine Karte des Göttlichen, sondern ein Leitfaden für das persönliche spirituelle Wachstum. Jede Sefirah repräsentiert Eigenschaften, die es in sich selbst zu kultivieren gilt und die zu einem harmonischen und ausgeglichenen Leben im Einklang mit göttlichen Prinzipien führen.

Anschließend führt Ihr Lehrer in die Meditationspraxis über die Sefirot ein. Dazu gehört, sich auf jedes Attribut zu konzentrieren, über seine Bedeutung nachzudenken und sein Licht in sich selbst zu visualisieren. Diese meditative Praxis soll die Seele verfeinern und sie dem Göttlichen näher bringen.

Kabbalistische Lehren betonen auch die Bedeutung ethischen Verhaltens als Mittel zur Ausrichtung auf die Sefirot. Die Idee ist, dass man durch die Verkörperung von Eigenschaften wie Mitgefühl, Gerechtigkeit und Demut seine Seele erheben und zur Heilung und Wiederherstellung der Welt beitragen kann, ein Konzept, das als Tikkun bekannt ist.

Die Reise in die Kabbala ist nicht ohne Herausforderungen. Die Lehren sind komplex und erfordern oft jahrelanges engagiertes Studium und Praxis, um sie vollständig zu verstehen. Die

Belohnungen sind jedoch tiefgreifend. Die Kabbala bietet einen Weg, die göttliche Präsenz im Alltag zu erfahren, die Verbindung zu Gott zu vertiefen und das verborgene Potenzial in der Seele freizusetzen.

Spirituelle Praktiken

Die jüdische Spiritualität umfasst eine Fülle von Praktiken, die darauf abzielen, die Seele zu erheben und eine engere Beziehung zu Gott zu fördern. Unter diesen Praktiken nehmen Meditation und Gebet einen besonderen Platz ein und bieten Wege zu innerem Frieden, Einsicht und göttlicher Verbindung.

In einer ruhigen Ecke dieses ruhigen Raums finden Sie möglicherweise Personen, die meditieren und deren Gesichter ruhig und konzentriert sind. Jüdische Meditation beinhaltet oft die Betrachtung heiliger Texte, Namen Gottes oder der Sefirot. Stellen Sie sich vor, Sie konzentrieren sich auf den Namen Gottes, das Tetragrammaton, und lassen zu, dass seine tiefe Einfachheit Ihre Gedanken zentriert und Ihr Herz öffnet. Diese meditative Praxis kann zu einem Gefühl der göttlichen Präsenz führen, das jeden Aspekt Ihres Wesens durchdringt.

Das Gebet ist in der jüdischen Spiritualität sowohl eine gemeinschaftliche als auch eine persönliche Praxis.

Stellen Sie sich eine Synagoge vor, die von den melodischen Gesängen der Morgengebete erfüllt ist und in der die Gemeinde sanft schwankt, während sie das Schema rezitiert und so die Einheit Gottes bekräftigt. Diese Gebete stammen aus dem Siddur (Gebetbuch) und sollen die Absichten des Einzelnen mit dem göttlichen Willen in Einklang bringen und so einen Rhythmus der Hingabe schaffen, der den Tag prägt.

Musik und Kunst spielen auch eine wichtige Rolle im jüdischen spirituellen Leben und verleihen Gottesdienst und Meditation eine emotionale und ästhetische Tiefe. Stellen Sie sich eine chassidische Versammlung vor, bei der die inbrünstigen Melodien von Niggunim (wortlose Melodien) die Luft erfüllen, die Stimmung aller Anwesenden heben und ein kollektives Erlebnis von Freude und Transzendenz schaffen. Die Einfachheit dieser Melodien ermöglicht es der Seele, frei von Worten zu schweben und sich direkt mit dem Göttlichen zu verbinden.

Auch Kunst wird zum Medium spirituellen Ausdrucks. Stellen Sie sich vor, Sie gehen durch eine Kunstgalerie, in der jedes Stück, inspiriert von kabbalistischen Symbolen und Themen, Sie zu einer tieferen Betrachtung der göttlichen Geheimnisse einlädt. Die leuchtenden Farben und komplizierten Designs eines Gemäldes des Baumes des Lebens könnten Sie in einen meditativen Zustand versetzen, in dem Sie die Vernetzung aller Existenz und Ihren Platz darin erkunden können.

Persönliche spirituelle Reise

Die Reise der Vertiefung der eigenen Spiritualität ist zutiefst persönlich und zutiefst transformativ. Dabei geht es nicht nur darum, spirituelle Praktiken zu übernehmen, sondern sie auch in das tägliche Leben zu integrieren, sodass sie die eigenen Handlungen, Gedanken und Beziehungen prägen können.

Betrachten Sie die Geschichte von Avi, einem jungen Mann, der sich von seinem Erbe und seinen spirituellen Wurzeln getrennt fühlte. Er kämpfte mit den Herausforderungen des Lebens und beschloss, die Kabbala und ihre Lehren zu erforschen. Durch Meditation und Studium begann Avi die tiefere Bedeutung der Sefirot zu verstehen und wie sie sein Leben leiten konnten. Er begann, das Göttliche in alltäglichen Momenten zu sehen, von der Schönheit der Natur bis hin zu freundlichen Taten, die er sowohl empfing als auch gab. Dieser Perspektivwechsel brachte Avi ein tiefes Gefühl von Frieden und Zielstrebigkeit und veränderte seine Beziehungen und seine Herangehensweise an die Herausforderungen des Lebens.

Eine andere Geschichte ist die von Leah, einer Frau, die in jüdischer Musik und Kunst Trost und Inspiration fand. Leah kämpfte mit Depressionen, wandte sich der Heilkraft von Niggunim zu und begann, ihre Interpretationen kabbalistischer Konzepte zu malen. Diese kreativen Möglichkeiten vermittelten ihr nicht nur ein Gefühl der Verbindung zum Göttlichen, sondern ermöglichten ihr auch, ihre Gefühle auf eine zutiefst bedeutungsvolle Weise auszudrücken und zu verarbeiten. Ihre Reise der spirituellen und künstlerischen Erkundung führte zu einem neuen Gefühl der Freude und Erfüllung.

Für diejenigen, die ihre Spiritualität vertiefen möchten, gibt es viele Wege zu erkunden. Regelmäßige Meditation und Gebete, die Teilnahme am gemeinsamen Gottesdienst, das Studium mystischer Texte und die Suche nach kreativen Ausdrucksformen durch Musik und Kunst können zu einem reicheren spirituellen Leben beitragen. Es geht darum, Praktiken zu finden, die persönlich Anklang finden, und sie in das Gefüge des täglichen Lebens zu integrieren.

Stellen Sie sich vor, Sie stehen am Ende dieses Kapitels und denken über die tiefgreifenden Einsichten und Praktiken nach, die Sie kennengelernt haben. Jüdische Spiritualität und Mystik bieten eine Quelle der Weisheit und Inspiration und laden Sie ein, die Tiefen Ihrer Seele und Ihre Verbindung zum Göttlichen zu erkunden. Die

Lehren der Kabbala, die transformative Kraft von Meditation und Gebet sowie die kreativen Ausdrucksformen durch Musik und Kunst bieten einen umfassenden und bereichernden Weg für spirituelles Wachstum.

Wenn Sie diese Praktiken in Ihr Leben integrieren, begeben Sie sich auf eine Reise der persönlichen Transformation und entdecken neue Dimensionen Ihres Glaubens und Ihres inneren Selbst. Diese Reise ist keine einsame; Es wird mit einer Gemeinschaft geteilt, die Sie unterstützt und fördert. Jedes Mitglied trägt zum gemeinsamen Unterfangen von Tikkun Olam bei, die Welt zu reparieren.

Zusammenfassend lässt sich sagen, dass es bei jüdischer Spiritualität und Mystik nicht nur darum geht, die Geheimnisse des Göttlichen zu verstehen, sondern diese Geheimnisse in jedem Moment zu leben.

KAPITEL 10

Auseinandersetzung mit dem Judentum heute

Stellen Sie sich vor, Sie wachen an einem klaren Samstagmorgen auf und betreten Ihre lebendige jüdische Gemeinde. Die Straßen sind voller Anblicke und Geräusche von Menschen, die zur Synagoge gehen, sich auf den Schabbat vorbereiten oder sich in den örtlichen Cafés an lebhaften Gesprächen beteiligen. Sich heute mit dem Judentum auseinanderzusetzen bedeutet, in dieses reiche Geflecht aus Kultur, Tradition und Gemeinschaftsleben einzutauchen. Dieses Kapitel ist Ihr Leitfaden, um sich aktiv am jüdischen Leben zu beteiligen, sich mit seiner lebendigen Kultur zu verbinden und Ihre Reise des Lernens und Wachstums fortzusetzen.

Wie man sich in jüdischen Gemeinden engagiert

Das Engagement in jüdischen Gemeinden beginnt mit dem Verständnis, dass jüdisches Leben von Natur aus gemeinschaftlich ist. Von Gottesdiensten in der Synagoge bis hin zu Gemeinschaftsveranstaltungen ist das Gefühl der Zugehörigkeit und des gemeinsamen Ziels ein Eckpfeiler der jüdischen Identität. Stellen Sie sich zunächst vor, Sie betreten zum ersten Mal eine Synagoge. Die einladende Atmosphäre, die Gebetsgeräusche und der Anblick der im Gottesdienst versammelten Menschen schaffen ein starkes Gefühl der Verbundenheit. Synagogen sind nicht nur Orte des Gebets, sondern auch Zentren des Lernens, der Geselligkeit und der Unterstützung.

Eine der besten Möglichkeiten, sich zu engagieren, ist die Teilnahme an regelmäßigen Synagogengottesdiensten. Diese Zusammenkünfte bieten die Möglichkeit, sich mit den spirituellen und gemeinschaftlichen Aspekten des Judentums auseinanderzusetzen. Ob es sich um den wöchentlichen Schabbat-Gottesdienst, eine Feiertagsfeier oder eine Lernsitzung handelt, jede Erfahrung vertieft Ihre Verbindung zu jüdischen Traditionen und der Gemeinschaft.

Der Beitritt zu einer jüdischen Organisation oder einem jüdischen Verein ist eine weitere hervorragende Möglichkeit, in das jüdische Leben einzutauchen. In vielen Gemeinden gibt es Gruppen, die sich unterschiedlichen Interessen widmen, etwa sozialer Gerechtigkeit, Kulturerhalt oder Bildungsinitiativen. Stellen Sie sich vor, Sie nehmen an einem Treffen eines jüdischen Buchclubs teil, bei dem Mitglieder über jüdische Literatur und ihre Auswirkungen auf ihr Leben diskutieren, oder Sie engagieren sich ehrenamtlich bei einer jüdischen Sozialorganisation, die Bedürftige unterstützt.

Bildung spielt im jüdischen Leben eine entscheidende Rolle und die Teilnahme an jüdischen Bildungsprogrammen kann Ihr Engagement erheblich steigern. Erwachsenenbildungskurse, Hebräischkurse und Tora-Lerngruppen werden häufig von Synagogen und Gemeindezentren angeboten. Diese Programme vermitteln nicht nur wertvolles Wissen, sondern fördern auch den Kontakt zu anderen, die Ihr Interesse am Lernen teilen.

Der Besuch jüdischer Feste und Veranstaltungen ist eine dynamische Möglichkeit, die Lebendigkeit der jüdischen Kultur zu erleben. Stellen Sie sich die Freude vor, an einer gemeinschaftsweiten Chanukka-Feier mit Menora-Beleuchtung, traditionellen Speisen und festlicher Musik teilzunehmen. Diese Veranstaltungen bieten die Möglichkeit, gemeinsam zu feiern, Traditionen kennenzulernen und dauerhafte Beziehungen aufzubauen.

Verbindung zur jüdischen Kultur

Die jüdische Kultur ist ein Mosaik aus Geschichte, Kunst, Musik und kulinarischen Traditionen, das die Geschichte eines widerstandsfähigen und dynamischen Volkes erzählt. Um sich wirklich mit dem Judentum auseinanderzusetzen, ist es wichtig, diese kulturellen Ausdrucksformen zu erkunden und zu schätzen.

Beginnen Sie damit, in die Welt des jüdischen Essens einzutauchen. Stellen Sie sich vor, Sie befinden sich in einer geschäftigen Küche und lernen, traditionelle Gerichte wie Matzenbällchensuppe, Latkes und Challah zuzubereiten. Die jüdische Küche ist reich an Aromen und Geschichte, jedes Gericht erzählt eine Geschichte von Migration, Anpassung und Gemeinschaft. Das Kochen und Teilen dieser Mahlzeiten ist eine zutiefst befriedigende Möglichkeit, sich mit dem jüdischen Erbe zu verbinden.

Musik ist ein weiterer tiefgreifender Aspekt der jüdischen Kultur. Stellen Sie sich vor, Sie besuchen ein Konzert, bei dem Klezmer-Musiker die Luft mit lebendigen, gefühlvollen Melodien erfüllen, die den Geist osteuropäischer jüdischer Gemeinden heraufbeschwören. Oder vielleicht sind Sie von den eindringlichen Melodien der sephardischen Musik fasziniert, die die Geschichte und Traditionen der Juden aus Spanien und dem Mittelmeerraum widerspiegeln. Die Auseinandersetzung mit jüdischer Musik, sei es durch Live-Auftritte oder persönliches Zuhören, öffnet ein Fenster zur Seele des jüdischen kulturellen Ausdrucks.

Jüdische Kunst, von antiken Artefakten bis hin zu zeitgenössischen Stücken, bietet eine visuelle Darstellung des jüdischen Lebens und der jüdischen Spiritualität. Der Besuch jüdischer Museen und Galerien ermöglicht es Ihnen, diese künstlerischen Beiträge zu erkunden. Stellen Sie sich vor, Sie stehen vor einem wunderschön beleuchteten Manuskript der Thora oder bewundern moderne Kunstwerke, die jüdische Symbole und Geschichten neu interpretieren. Diese Erfahrungen vertiefen Ihre Wertschätzung für die Kreativität und Widerstandsfähigkeit, die im jüdischen Kulturerbe verankert sind.

Die Teilnahme an Gemeinschaftsveranstaltungen und Traditionen ist eine weitere bereichernde Möglichkeit, sich mit der jüdischen Kultur zu verbinden. Stellen Sie sich vor, Sie nehmen an einer Purim-Feier teil, bei der Sie Kostüme anziehen, der Lesung der Megilla lauschen und festliche Aktivitäten mit anderen genießen. Oder nehmen Sie an einem Sukkot-Treffen teil, bei dem Sie beim Bau und der Dekoration einer Laubhütte mithelfen und anschließend in diesem provisorischen Bau gemeinsam essen und beten. Diese Traditionen bringen Menschen zusammen und fördern ein Gefühl der Zugehörigkeit und Kontinuität.

Fortsetzung der Reise

Die Beschäftigung mit dem Judentum ist eine lebenslange Reise des Lernens, des Wachstums und der Entdeckung. Wenn Sie in das jüdische Leben eintauchen, ist es wichtig, ständig nach Möglichkeiten für ein tieferes Verständnis und eine tiefere Verbindung zu suchen.

Eine Möglichkeit, diesen Weg fortzusetzen, ist die Aufrechterhaltung einer regelmäßigen Studienpraxis. Die Auseinandersetzung mit jüdischen Texten, sei es durch persönliches Studium oder in der Gruppe, hält Sie mit der Weisheit und den Lehren der Tradition verbunden. Stellen Sie sich die Befriedigung vor, einen Kurs über talmudische Ethik abzuschließen oder die mystischen Erkenntnisse des Sohar zu erkunden. Jede Lernsitzung erweitert Ihr Verständnis und stärkt Ihr spirituelles Fundament.

Reisen kann auch ein wirksames Mittel sein, um die Auseinandersetzung mit dem Judentum zu vertiefen. Ein Besuch in Israel bietet beispielsweise eine einzigartige Gelegenheit, das Land kennenzulernen, das für die jüdische Geschichte und Identität von zentraler Bedeutung ist. Stellen Sie sich vor, Sie gehen durch die alten Straßen Jerusalems, berühren die Klagemauer oder schweben im Toten Meer. Diese Erfahrungen stellen eine greifbare Verbindung zu den Geschichten und Traditionen her, die Sie studiert haben.

Die Fortsetzung Ihrer Reise bedeutet auch, einen Beitrag zur Gemeinschaft zu leisten. Wenn Sie Ihre Zeit und Ihre Fähigkeiten ehrenamtlich zur Verfügung stellen, jüdische Anliegen unterstützen und sich an Gemeinschaftsinitiativen beteiligen, kommt das nicht nur anderen zugute, sondern bereichert auch Ihr eigenes Sinn- und Zugehörigkeitsgefühl. Stellen Sie sich die Erfüllung vor, bei der Organisation eines Kulturfestivals mitzuhelfen, einen jungen Menschen in Ihrer Gemeinde zu betreuen oder Initiativen zu unterstützen, die soziale Gerechtigkeit und Gleichheit fördern.

Im digitalen Zeitalter bieten Online-Ressourcen und Communities zusätzliche Möglichkeiten für das Engagement. Durch den Beitritt zu Online-Lerngruppen, die Teilnahme an virtuellen Veranstaltungen und den Zugriff auf digitale Archive jüdischer Texte und Kultur können Sie von überall auf der Welt mit dem Judentum in Kontakt treten. Diese Plattformen bieten Flexibilität und Zugänglichkeit und machen es einfacher, engagiert und informiert zu bleiben.

Das Judentum zu verstehen und wertzuschätzen ist eine tiefgreifende und transformative Reise. Es lädt Sie ein, in ein reiches Geflecht aus Traditionen, Werten und Gemeinschaftsleben einzutauchen. Durch die Zusammenarbeit mit jüdischen Gemeinden, die Erforschung kultureller Ausdrucksformen und die Verpflichtung zum kontinuierlichen Lernen vertiefen Sie Ihre Verbindung zu einem jahrtausendealten Erbe.

Das Judentum ist nicht nur eine Religion; Es ist eine Lebensweise, die jeden Aspekt der menschlichen Erfahrung umfasst. Von den spirituellen Praktiken, die die Seele nähren, bis zu den kulturellen Traditionen, die das Leben feiern, bietet das Judentum einen umfassenden Rahmen für ein sinnvolles und zielgerichtetes Leben.

Wenn Sie dieses Kapitel abschließen und über Ihre Reise nachdenken, denken Sie daran, dass die Auseinandersetzung mit dem Judentum ein dynamischer und sich entwickelnder Prozess ist. Jeder Schritt, den Sie unternehmen, sei es die Teilnahme an einer Gemeinschaftsveranstaltung, das Studium eines heiligen Textes oder einfach das gemeinsame Essen mit Familie und Freunden, trägt zu einem tieferen Verständnis und einer tieferen Wertschätzung dieser reichen Tradition bei.

Auf dieser Reise sind Sie nicht allein. Sie sind Teil einer lebendigen und unterstützenden Gemeinschaft, die Verbindung, Lernen und Wachstum schätzt. Nutzen Sie die Möglichkeiten, sich zu engagieren, zu erkunden und einen Beitrag zu leisten, und lassen Sie sich von der Weisheit und Schönheit des Judentums zu einem Leben voller Sinn, Freude und Erfüllung führen.

Durch diese Erkundung werden Sie feststellen, dass das Judentum nicht nur eine Verbindung zur Vergangenheit, sondern auch einen Weg in eine sinnvolle Zukunft bietet. Es ist eine Tradition, die sich ständig weiterentwickelt, sich an neue Herausforderungen und Chancen anpasst und gleichzeitig tief in ihren Grundwerten verwurzelt bleibt. Indem Sie sich heute mit dem Judentum auseinandersetzen, werden Sie Teil dieser fortlaufenden Geschichte, tragen zu ihrem Reichtum bei und sichern ihre Vitalität für kommende Generationen.

Abschluss

Reflexion über die Reise

Nehmen Sie sich am Ende dieser gemeinsamen Reise einen Moment Zeit, um über alles nachzudenken, was wir erkundet haben. Von den Ursprüngen des Judentums bis hin zu seinem reichen Spektrum an Traditionen, Ritualen und Werten sind wir in die Tiefen eines Glaubens eingetaucht, der über Jahrtausende hinweg nicht nur überlebt, sondern auch gediehen ist. Dieses Buch ist Ihr Führer durch die faszinierende Landschaft des jüdischen Lebens und bietet Einblicke in seine spirituellen, kulturellen und ethischen Dimensionen.

Denken Sie an den Anfang zurück, als wir mit den alten Wurzeln des Judentums begannen und seine Entwicklung anhand wichtiger historischer Ereignisse und heiliger Texte verfolgten. Wir haben die Bedeutung der hebräischen Bibel, des Talmuds und anderer wichtiger Schriften aufgedeckt, die das Fundament des jüdischen Denkens bilden. Wir erkundeten die Vielfalt jüdischer Überzeugungen und Praktiken, von orthodox bis reformiert, und sahen, wie jede Bewegung auf einzigartige Weise zum jüdischen Mosaik beiträgt.

Wir reisten durch den jüdischen Kalender und feierten den Schabbat und wichtige Feiertage wie Pessach, Rosch Haschana und Jom Kippur. Jedes Festival offenbarte die tiefgreifenden Verbindungen zwischen Geschichte, Glauben und Gemeinschaft. Wir haben uns auch mit den entscheidenden Ereignissen im Lebenszyklus befasst – Geburt, Bar/Bat Mizwa, Heirat und Trauer –, die jeweils bedeutende Übergänge mit bedeutungsvollen und traditionsreichen Ritualen markieren.

Unsere Erkundung jüdischer Ethik und Werte hob die Prinzipien hervor, die das jüdische Leben leiten, von Tikkun Olam (Reparatur der Welt) bis hin zur Bedeutung von Gerechtigkeit, Freundlichkeit und Wahrheit. Wir wagten uns in die mystische Welt der Kabbala und entdeckten ihre tiefen spirituellen Einsichten und transformativen Praktiken.

Ein Aufruf, Vielfalt anzunehmen

Wenn Sie über diese Schlüsselpunkte nachdenken, ermutige ich Sie, die Vielfalt innerhalb des Judentums anzunehmen. Jede Tradition, Praxis und jedes Glaubenssystem trägt zur reichen und vielschichtigen Natur des jüdischen Lebens bei. Diese Vielfalt ist ein Beweis für die Anpassungsfähigkeit und Widerstandsfähigkeit des Judentums, die es ihm ermöglicht, über verschiedene Epochen und Kulturen hinweg relevant zu bleiben.

Vielfalt anzunehmen bedeutet, die einzigartigen Beiträge der Aschkenasen, Sepharden, Mizrahi und anderer jüdischer Gemeinschaften zu würdigen. Es geht darum, die verschiedenen Bewegungen innerhalb des Judentums zu verstehen und zu respektieren, von denen jede wertvolle Perspektiven und Praktiken bietet. Indem wir diese Unterschiede anerkennen und feiern, würdigen wir den Reichtum des jüdischen Erbes.

Abschließende Gedanken

Die anhaltende Bedeutung des Judentums in der modernen Welt zeigt sich in seiner kontinuierlichen Weiterentwicklung und Anpassung. Seine Lehren zu Gerechtigkeit, Gemeinschaft und Spiritualität bieten zeitlose Weisheit, die auf aktuelle Herausforderungen eingeht. Ich hoffe, dass Sie das Judentum auf Ihrem weiteren Weg nicht nur als eine alte Religion, sondern als eine lebendige, atmende Tradition sehen, die weiterhin inspiriert und leitet.

Ihre Reise endet hier nicht. Dieses Buch ist nur ein Ausgangspunkt, eine Einladung, tiefer in das jüdische Leben und Denken einzutauchen. Erforschen Sie weiter, sei es durch weiterführende Lektüre, die Teilnahme an

Gemeinschaftsveranstaltungen oder den Dialog mit anderen. Lassen Sie die Erkenntnisse, die Sie gewonnen haben, Ihr Verständnis und Ihre Wertschätzung für das Judentum bereichern.

Vielen Dank, dass Sie mich auf dieser Reise begleitet haben. Möge Ihre weitere Erkundung Sie dem Wesen des Judentums näher bringen und Sie dazu inspirieren, zum lebendigen, dauerhaften Bild des jüdischen Lebens beizutragen. Nehmen Sie die Weisheit, die Schönheit und die tiefgreifenden Wahrheiten an, die das Judentum bietet, und lassen Sie sich von ihnen zu einem Leben voller Sinn, Verbundenheit und Erfüllung führen.